KB166554

현안

현안 시대 논평

C.S. 루이스 지음

홍종락 옮김

홍성사.

일러두기

- 엮은이 주는 *로 표시한다.
- 옮긴이 주는 1) 2) 3)… 으로 표시한다.
- [ ] 안의 내용은 옮긴이가 상황 설명을 위해 넣은 것이다.

머리말

"엘리자베스 테일러가 누구인가요?" C. S. 루이스가 물었다. 그와 나는 '예쁨'과 '미美'에 대해 말하고 있었고, 나는 미스 테일러가 대단한 미인이라고 말한 터였다. 루이스의 질문에 나는 이렇게 대꾸했다. "신문을 보셨으면 누구인지 아실 텐데요." 루이스는 장난스럽게 말했다. "아아아! 하지만 난 신문을 멀리해서 '세속에 물들지 않게' 스스로를 지킨답니다." 그는 내가 '어떻게든' 꼭 신문을 읽어야 한다면 《반지의 제왕》 또는 다른 위대한 책이라는 '구강 청결제'를 자주 쓰라고 권했다.

루이스의 글에 익숙한 사람들은 대부분 알겠지만, 그는 신문에 실리는 '뉴스'가 "모든 역사 중에서도 아마 가장 허깨비 같을 것"이라고 생각했다. 내 기억에 그는 일요일마다 그의 집으로 배달되던 유일한 신문을 내게 몇 번이나 보여 주었다. 그것은 그의 정원사 팩스퍼드의 신문이었고, 루이스와 나는 그 신문의 머리기사들을 읽으면서 거기 실린 뉴스가 정말 허깨비 같기를 바랐다. 아무튼 나는 루이스의 집에서 짧고 지극히 행복했던 시간을 보낸 이후로 신문에 크게 개의치 않았다. 그리고 그의 '구강 청결제' 처방에 충실하려 노력해 왔다.

나는 루이스가 바리새인 같다는 인상을 주고 싶지 않다. 그는 신문에 글을 쓰는 사람이나 신문을 읽는 사람들을 나무라지 않았다. 만약 그랬다면 스스로를 비난해야 했을 것이다. 여기 실린 에세이들은 두 편을 제외하고 전부 신문과 잡지에 쓴 것들이기 때문이다. 참으로, 이 에세이들은 저널리스트 C. S. 루이스에 대한 가장 온전한 그림을 제시한다. 저널리스트는 루이스에게 훌륭하게 잘 맞는 역할이었는데, 그는 할 말을 명료하고 간단하게 할 수 있는 뛰어난 재능을 갖고 있었기 때문이다. 이 책이 루이스의 다른 책들과 다른 점은 또 있다. 그의 책들은 대부분 신학과 문학을 다룬다. 이 책에는 그런 주제들도 일부 등장하지만, 다른 여러 주제들을 다루는 글들이 주를 이룬다. 이 글들의 다양성은 "루이스에게는 어떤 다른 관심사가 있었을까?"라는 질문에 답하는 데 도움을 준다.

이 책의 제목을 제안한 사람은 옥스퍼드대학 C. S. 루이스 협회의 제레미 다이슨 회장이다. 나보다 훨씬 젊은 다이슨 씨는 이 에세이들 중 일부를 읽고 나서 루이스의 관심사가 대단히 '현재적'[1)]이라

1) 〈현안懸案〉의 원제는 *Present Concerns*으로, 직역하면 '현재적 관심사'라는 뜻이다.

는 인상을 받았던 것이다. 하지만 이 책의 각주를 작성하면서 나는 루이스의 관심사와 관심거리가 대부분의 사람들에게 얼마나 '현재적'일지 의문이 들기 시작했다. 블림프 대령의 이름을 들어 본 독자가 얼마나 될까? '블림프 공포증'이 처음 잡지에 실렸을 때는 거의 모든 사람이 블림프 대령을 알았을 것이다. 결국 나는 아주 가까이에서 답을 찾았다. 바로 나다. 나는 이 에세이들의 편집을 시작하기 전에는 블림프 대령이 누구인지 전혀 몰랐지만, 루이스가 블림프 공포증으로 의미한 바는 오래전부터 알고 있었다. 루이스가 쓴 내용을 감싼 일부 외피는 시대에 맞지 않게 되었을지 모르지만, 이 모든 에세이들의 본질은 언제나처럼 중요하다. '원자폭탄의 시대를 사는 것에 관하여'가 처음 나왔을 때보다 오늘날 더 큰 관심을 끌지 않는다면 나는 깜짝 놀랄 것이다.

'원자폭탄의 시대를 사는 것에 관하여'를 소개해 준 사람이 없었다면 이 책은 저널리스트 C. S. 루이스의 모습을 이렇듯 잘 대변하지 못했을 것이다. 그는 더비셔 파이브리지의 고든 라이트이다. 그는 이름 모를 잡지에서 오려 놓았다가 루이스의 책에 끼워 놓은 '원자폭탄의 시대를 사는 것에 관하여'와 '세 종류의 사람'을 발견하고 내게 편지를 보냈다. 라이트 씨는 이 보물들을 가지고 옥스퍼드로 왔는데, 둘 다 내가 처음 보는 글이었다. 첫 번째 에세이의 출처를 찾기는 어렵지 않았지만 '세 종류의 사람'은 출처를 찾는 일이 불가능해 보였다. 하지만 오려 낸 기사 뒷면의 전황戰況 보도가 제시하는 여러 단서를 따라간 끝에 그 잡지가 〈선데이 타임스*The Sunday Times*〉임을 알아냈다. 고든 라이트의 관대함에 큰 신세를 졌다. 자주 그렇듯, 내 작업을 기꺼이 검토해 준 친구 오언 바필드의 수고의 덕을 봤다. 끝으로, 이 책을 구성하는 에세이들을 전재하도록 허락해 준 모든 발행인들에게 감사를 전한다.

'기사도의 필요성'은 〈타임 앤 타이드*Time and Tide*〉, vol. XXI(1940년 8월 17일), 841쪽의 '상황 논평Notes on the Way' 코너에 실린 에세이에 루이스가 붙인 제목이다.

'평등'은 〈스펙테이터*The Spectator*〉, vol. CLXXI(1943년 8월 27일), 192쪽에 실렸다.

'세 종류의 사람'은 〈선데이 타임스〉, no. 6258(1943년 3월 21일), 2쪽에 실린 글이다.

'나의 첫 번째 학교'는 〈타임 앤 타이드〉, vol. XXIV(1943년 9월 4일), 717쪽의 '상황 논평' 칼럼에 루이스가 붙인 제목이다.

'영어영문학은 이제 끝났는가?'는 〈스펙테이터〉, vol. CLXXII(1944년 2월 11일), 121쪽에 실린 글이다.

'민주적 교육'은 〈타임 앤 타이드〉, vol. XXV(1944년 4월 29일), 369-370쪽의 '상황 논평' 칼럼에 루이스가 붙인 제목이다.

'꿈'은 〈스펙테이터〉, vol. CLXXIII(1944년 7월 28일), 77쪽에 실렸다.

'블림프 공포증'은 〈타임 앤 타이드〉, vol. XXV(1944년 9월 9일),

785쪽에 실린 글이다.

'병사 베이츠'는 〈스펙테이터〉, vol. CLXXIII(1944년 12월 29일), 596쪽에 실린 글이다.

'쾌락론'은 〈타임 앤 타이드〉, vol. XXVI(1945년 6월 16일), 494-495쪽에 실린 글이다.

'도덕군자 행세 이후에 무엇이?'는 〈스펙테이터〉, vol. CLXXV(1945년 12월 7일), 536쪽에 실린 글이다.

'현대인의 사고 범주'는 이 책에서 처음으로 활자화되었다. 루이스는 스티븐 닐 주교Bishop Stephen Neill(1899-1984)의 요청으로 세계교회협의회 연구 부서를 위해 이 글을 썼다. 이 에세이는 타자한 원고로만 존재하고 1946년 10월이라고 표시돼 있다. 당시 닐 주교는 국제선교협의회IIAssembly Commission II의 사무총장이었는데, 국제선교협의회는 '생활과 실천' 위원회, '신앙과 직제' 위원회와 통합되어 1948년에 공식적으로 세계교회협의회를 구성했다.

'자전거에 관한 이야기'는 〈레지스턴스*Resistance*〉(1946년 10월), 10-13쪽에 실린 글이다.

'원자폭탄의 시대를 사는 것에 관하여'는 연간 잡지 〈지식 기반 독서Informed Reading〉 마지막 호였던 vol. VI(1948), 78-84쪽에 처음 실렸다.

'텅 빈 우주'는 D. E. 하딩Harding의 책 《하늘과 땅의 위계질서*The Hierarchy of Heaven and Earth: A New Diagram of Man in the Universe*》(London: Faber and Faber, 1952)에 루이스가 쓴 서문이고 내가 제목을 붙였다.

'점잔 빼기와 문헌학'은 〈스펙테이터〉, vol. CXCIV(1955년 1월 21일), 63-64쪽에 실린 글이다.

'중간보고'는 〈케임브리지 리뷰*The Cambridge Review*〉, vol. LXXVII (1956년 4월 21일), 468-471쪽에 실린 글이다.

'역사는 허튼소리인가?'도 〈케임브리지 리뷰〉, vol. LXXVIII(1957년 6월 1일), 647, 649쪽에 실린 글이다.

'문학 속의 성'은 〈선데이 텔레그래프*The Sunday Telegraph*〉, no. 87 (1962년 9월 30일), 8쪽에 실린 글이다. 잡지 발행인은 다음의 글로 이 에세이를 소개했다.

"우리는 도덕의 위기를 겪고 있고, 소설가들이 성을 다루는 방식만큼 도덕의 위기가 두드러지는 경우도 드물다. 우리는 이 부분에서 문학이 도움을 주기를 바라지만 실제로는 해를 끼칠 때가 많다는 사실을 인정해야 하지 않을까? 비정상적 성행위를 주제로 삼는—때로는 고상한 예술적 동기에 따른 것이겠지만—현대 소설들이 등장인물들의 비정상적 성행위를 대중화하고 유행하고 허용 가능한 것으로 만들지 않는가? …… 본지는 비평가이자 소설가, 기독교 변증가인 C. S. 루이스 박사에게 이 문제에 대한 그의 견해를 들려줄 것과 이 모든 것 가운데 법은 어떤 태도를 취해야 하는가라는 추가적 질문에 답해 줄 것을 요청했다. 여기 그의 글을 싣는다."

그리고 여기에는 18편의 다른 글도 함께 싣는다. 이 글들이 내게 그랬던 것처럼 다른 이들에게도 원기를 북돋우는 유쾌한 '구강 청결제' 역할을 해주기를 바란다.

월터 후퍼
1986년 1월 8일
옥스퍼드에서

차례

머리말 5

I 기사도의 필요성 15

II 평등 22

III 세 종류의 사람 28

IV 나의 첫 번째 학교 31

V 영어영문학은 이제 끝났는가? 37

VI 민주적 교육 44

VII 꿈 51

VIII 블림프 공포증 57

IX 병사 베이츠 63

X 쾌락론 70

XI 도덕군자 행세 이후에 무엇이? *79*
XII 현대인의 사고 범주 *86*
XIII 자전거에 관한 이야기 *95*
XIV 원자폭탄의 시대를 사는 것에 관하여 *104*
XV 텅 빈 우주 *115*
XVI 점잔 빼기와 문헌학 *124*
XVII 중간보고 *131*
XVIII 역사는 허튼소리인가? *143*
XIX 문학 속의 성 *150*

옮긴이의 말 *156*

I

기사도의 필요성

Time and Tide, 1940. 8. 17.

'기사도chivalry'라는 단어는 중기병heavy cavalry부터 기차에서 여성에게 자리를 양보하는 일까지 시대마다 아주 다양한 것들을 의미했습니다. 그러나 중세가 우리 문화에 특별히 기여한 바인 예절 바른 남자*comme il faut*라는 특정 개념을 기사도에서 분리해 내고 싶다면, 다른 이상들과 구별되는 하나의 이상으로서 기사도를 이해하고 싶다면, 맬러리의《아서왕의 죽음》을 살펴보는 것이 최선입니다. 가장 위대한 상상의 기사에게 어떤 단어들을 썼는지 보는 겁니다. 엑터 경은 죽은 랜슬롯에게 이렇게 말합니다. "홀에서 여인들과 함께 식사할 때 그대는 가장 온순한 사람이었소. 그리고 당신에게 창을 겨눈 적에게는 가장 무자비한 기사였소."*

물론 기사도의 이상에서 가장 중요한 점은 그것이 인간 본성을 향해 이중의 요구를 한다는 데 있습니다. 기사는 무력의 사람, 짓이겨진 얼굴과 사지가 잘려 나가 몸통이 너덜거리는 광경에 익숙한 사

* Sir Thomas Malory, *Le Morte d'Arthur* (1485), XXI, xii.

람입니다. 그러면서도 홀에서는 마치 처녀처럼 얌전한 손님이 되어 온순하고 겸손하고 조심합니다. 그는 흉포함과 온순함 사이에서 타협하거나 중용을 찾지 않습니다. 극단적으로 흉포하고 극단적으로 온순합니다. 랜슬롯은 자신이 세계 최고의 기사라는 선언을 듣자 "얻어맞은 아이처럼 울었"습니다.*

이 이상이 현대 세계와 무슨 관련이 있느냐고 물을 수 있습니다. 대단히 큰 관련이 있습니다. 기사도의 이상은 실천 가능할 수도 있고 그렇지 않을 수도 있지만—중세는 기사도를 따르지 못한 것으로 악명이 높지요—, 분명히 실제적입니다. 사막에 있는 사람들이 물을 찾지 못하면 죽는다는 사실만큼이나 실제적입니다.

기사도의 이상이 하나의 역설이라는 사실을 분명히 하고 넘어갑시다. 기사도 전통의 폐허 가운데 자라난 우리 대부분은 어린 시절 남을 괴롭히는 사람은 틀림없이 겁쟁이라고 배웠습니다. 그러나 학교에 나간 첫 주에 이것이 거짓말이고 이와 한 쌍을 이루는 '진정 용감한 사람은 언제나 온유하다'는 말도 엉터리임을 깨달았지요. 이것은 해로운 거짓말입니다. 인간 본성을 향한 중세의 요구가 얼마나 참신하고 독창적인지 놓치고 있기 때문입니다. 설상가상으로 이 거짓말은 실제로는 인간 특유의 이상, 어디서도 온전히 실현된 적이 없고

* ibid, XIX, v.

고된 수양이 있어야 조금이나마 구현할 수 있는 이상을 자연적 사실로 제시합니다. 역사와 경험은 이 거짓말을 반박합니다. 용감한 사람이 겸손하고 자비로워야 한다는 것은 호메로스의 아킬레스에게는 아주 낯선 요구입니다. 그는 살려 달라고 비는 사람들을 죽이거나 포로로 잡아 놓고 느긋하게 죽입니다. 사가[1]의 영웅들 역시 이런 요구를 받은 적이 없습니다. 그들은 '꿋꿋하게 견디는' 것 못지않게 '가차 없이 공격'합니다. 아틸라에게는 '자신으로 인한 사람들의 공포를 즐기고 싶은 듯이 사납게 눈알을 굴리는 버릇'이 있었습니다. 로마인들조차도 용감한 적들을 사로잡으면 그들을 이끌고 거리를 누비며 전시했고, 보여 주기가 끝난 뒤 지하실에서 그들의 목을 땄습니다. 학교에서 우리는 럭비팀의 영웅이 시끄럽고 오만하고 고압적으로 남을 괴롭히는 아이일 수 있음을 발견했습니다. 또 지난 전쟁에서는 '전장의 보배'가 평시에는 다트무어 교도소 외에 다른 곳에서 자리를 잡기 어려웠을 사람임을 종종 보았습니다. 그런 것이 본성적 영웅주의요, 기사도 전통 바깥에 있는 영웅주의입니다.

기사도라는 중세의 이상은 서로 자연스럽게 끌리지 않는 두 가지를 결합시켰습니다. 서로 자연스럽게 끌리지 않는다는 바로 그 이유로 둘을 결합시킨 것입니다. 기사도가 위대한 전사에게 겸손과 인

1) saga. 아이슬란드나 노르웨이의 군주와 영웅이 등장하는 신화 전설.

내를 가르친 것은 그 교훈이 평소 그에게 얼마나 필요한지 경험을 통해 모두가 알고 있었기 때문입니다. 기사도가 세련되고 겸손한 사람에게 용기를 요구한 것은 그가 십중팔구 겁쟁이일 것임을 모두가 알았기 때문입니다.

그렇게 함으로써 중세는 세계의 유일한 희망을 포착했습니다. 랫슬롯의 성품의 두 측면을 결합해 내는 사람들을 수천 명씩 배출하는 일은 가능할 수도 있고 아닐 수도 있습니다. 그러나 만약 그 일이 가능하지 않다면, 인간 사회에서 영속적 행복이나 존엄에 대해 벌이는 온갖 논의는 허튼소리에 불과합니다.

우리가 랜슬롯 같은 기사들을 배출하지 못한다면, 인류는 두 무리로 나뉠 것입니다. 무력에는 능하지만 '홀에서 온순할' 수 없는 사람과 '홀에서는 온순하지만' 전쟁터에서는 쓸모없는 사람이지요. 평시에는 잔인하고 전시에는 겁쟁이가 되는 세 번째 부류에 대해서는 이 자리에서 논할 필요가 없습니다. 랜슬롯 성품의 두 측면이 이렇게 분리되면, 역사는 끔찍할 만큼 단순해집니다. 근동의 고대사는 다음과 같습니다. 강인한 야만인들이 산악 지대에서 떼 지어 내려와 하나의 문명을 말살시킵니다. 그 다음 그들이 문명화되고 나약해집니다. 그러고 나면 새로운 야만인들이 물결처럼 밀려와 그들을 말살시킵니다. 그렇게 같은 일이 되풀이됩니다. 현대의 기계가 이런 순환을 바꾸지는 못할 것입니다. 같은 일이 더 큰 규모로 일어나게 만들 뿐이겠지요. 참으로, '무자비한' 이들과 '온순한' 이들이 상호배타적인 두 집단으로 나뉜다면 이것 외의 다른 가능성은 있을 수 없을 것입니다. 그리고 두 특성은 각 무리의 자연적 조건이라는 사실을 잊지 마십시오. 두 특성을 결합한 존재인 기사는 자연의 작품이 아니라 예술 작품입니다. 캔버스나 대리석이 아니라 인간을 재료로 한 예술 작품이지요.

오늘날의 세계에 존재하는 '진보적' 또는 '계몽된' 전통은 인간 본성의 전투적 측면을 인간 본연의 순수 악으로 여기고, 기사도 정서는 전쟁의 '거짓 매력'의 일부라고 업신여깁니다. 그런가 하면 기사도 정서를 나약한 감상벽으로 무시하는 신영웅주의 전통도 있습니다. 이런 입장은 '현대의 주문'을 써서 아킬레스의 '전前기독교적' 흉포함을 무덤(얕고 어수선한 무덤!)에서 일으키려 합니다. 영국 작가 키플링의 글을 보면, 그가 좋아하는 하급 장교들의 영웅적 특성들은 온순함 및 세련됨과는 이미 위험할 만큼 분리되어 있습니다. 어른이 된 스토키[2]가 넬슨 제독의 최고 함장들과 한자리에 있는 모습은 상상이 안 됩니다! 시드니[3]와 함께 있는 것은 더더욱 상상할 수 없습니다. 이 두 성향이 불화하는 자리에서 세상의 수의壽衣가 만들어집

2) Stalky. 키플링의 소설《스토키와 친구들》의 주인공. 영국 기숙학교의 학생 스토키는 애국심과 권위에 대해 냉소적인 인물이다.

3) Sir Philip Sidney, 1554-1586. 완벽한 기사였고 신사였으며, 우수한 학자인 동시에 로맨스와 시와 시론에 손을 댄 탁월한 문인.

니다.

다행히 우리의 삶은 우리의 글보다 나으며, 과분하다 싶을 정도로 낫습니다. 랜슬롯은 아직 되찾을 수 있습니다. 영국인 중 일부는 이번 전쟁을 통해, 지난 20년간 이어진 냉소주의와 혼합주의에도 불구하고 젊은 세대 안에 영웅적 미덕들이 여전히 훼손되지 않았으며 요청을 받는 즉시 실천으로 나타날 준비가 되어 있음을 발견하고 뜻밖의 기쁨을 맛보았습니다. 그들은 '무자비함'과 더불어 많은 '온순함'을 갖고 있습니다. 제가 들은 바로는, 영국 공군의 젊은 조종사들(우리는 이들에게 시시각각 목숨을 빚지고 있습니다)은 1915년의 조종사들보다 훨씬 더 세련되고 겸손합니다.

한마디로 중세에 시작된 기사도의 전통이 여전히 살아 있다는 것이지요. 그러나 기사도 전통이 계속 맥을 이어 가려면 기사의 특징이 인간 본성이 아니라 예술이라는 사실, 즉 자연적 발생을 기대할 무엇이 아니라 성취해 내야 할 무엇임을 알아야 합니다. 이 지식은 우리 사회가 민주적이 되면 될수록 특히나 필요합니다. 이전 세기에는 기사도의 흔적을 이어 가는 일을 특별한 계급이 도맡았고, 그들을 모방하는 일 또는 강압에 의해 다른 계급들로 기사도의 흔적이 퍼져 나갔습니다. 그런데 이제는 국민들이 자기 힘으로 기사도를 발휘하거나, 잔인함과 부드러움이라는 두 선택지 중에서 하나를 택해야 하는 것 같습니다. 이것은 무계급 사회의 일반적인 문제인데, 이 문제가 언급되는 경우는 드뭅니다. 무계급 사회의 윤리ethos는 모든 계급에서 최선의 것들만을 조합한 것일까요, 아니면 모든 계급의 퇴적물이자 어떤 계급의 미덕도 아닌 것들이 모인 '웅덩이'에 불과할까요? 그러나 이것은 기고문의 끝부분에서 다루기에는 너무 큰 주제입니다. 저의 주제는 기사도입니다. 저는 이 오래된 전통이 실제적이고 필수적이라는 점을 보이고자 했습니다. 랜슬롯이라는 인물로 구현된 기사도의 이상은 현실 도피escapism라는 단어를 쓰는 사람들이 생각조차 하지 못했던 의미의 도피를 제공합니다. 삶을 바람직하게 만드는 요소들을 이해하지 못하는 늑대들과, 그 요소들을 지킬 힘이 없는 양들로 양분된 세계에서 도피할 유일한 길을 제시합니다. 지난 세기에는 모종의 자연적 과정에 의해 늑대들이 서서히 멸종할 거라는 소문이 돌았지만, 그것은 과장이었던 것 같습니다.

II
평등

The Spectator, 1943. 8. 27.

제가 민주주의를 지지하는 것은 인간의 타락을 믿기 때문입니다. 제가 볼 때 대부분의 사람들은 이와 정반대의 이유로 민주주의를 지지합니다. 민주주의에 대한 열정은 상당 부분 루소 같은 사람들의 사상에 뿌리를 두고 있습니다. 그들은 인류가 너무나 지혜롭고 선하므로 모두가 통치에 한몫을 해야 한다고 생각했습니다. 하지만 그런 근거로 민주주의를 옹호하는 것은 위험한 일입니다. 사실이 아니니까요. 그런 주장의 약점이 드러날 때마다 독재를 선호하는 사람들의 목소리에 힘이 실립니다. 멀리 갈 것도 없이 제 자신만 돌아보아도 그런 주장이 옳지 않음을 알 수 있습니다. 저는 한 나라는커녕 닭장을 다스리는 데 낄 자격도 없습니다. 대부분의 사람들이 마찬가지입니다. 광고를 덥석 믿고 슬로건에 넘어가고 소문을 퍼뜨리는 사람 모두가 그렇습니다. 민주주의를 지지해야 하는 진짜 이유는 정반대입니다. 인류는 너무나 타락했기에 어느 누구에게도 동료들을 통치하는 무제한의 권력을 믿고 맡길 수가 없습니다. 아리스토텔레스는 어떤 사람들은 노예의 자리에만 적합하다고 말했습니다. 저는 그의 말을 부정하지 않습니다. 그런데도 노예제를 거부하는 것은 주인이 되기에 적합한 사람들이 보이지 않기 때문입니다.

이런 입장은 우리가 익숙하게 배워 온 평등관과 상당히 다른 평등관을 제시합니다. 저는 평등이 본질적으로, 그 자체로 선한 것(지혜나 행복처럼)이라고 생각하지 않습니다. 평등은 병든 이에게 유용한 약, 더 이상 순수하지 않은 존재에게 필요한 옷과 같습니다. 저는 왕, 제사장, 남편, 아버지의 옛 권위 자체가 악하다거나 백성, 평신도, 아내, 아들의 옛 순종 자체가 굴욕적이라고 생각하지 않습니다. 그것이 몸을 가리지 않은 아담과 하와처럼 본질적으로 선하고 아름다웠다고 생각합니다. 하지만 인간들은 그것을 빼앗기고 말았습니다. 인간들이 악해져서 그것을 오용했기 때문입니다. 그것은 합당한 일이었습니다. 지금 그것을 복원하려는 시도는 나체주의자들의 시도와 동일한 오류일 것입니다. 법적 경제적 평등은 타락한 상태에서 절대적으로 필요한 약이고 잔인함에 맞설 방어책입니다.

그러나 약은 좋은 것이 아닙니다. 일률적 평등에는 영혼을 위한 자양분이 없습니다. 이 사실을 제대로 인식하지 못하기 때문에 우리의 정치 선전이 그토록 얄팍해집니다. 우리는 좋은 삶의 소극적 조건에 불과한 것을 붙들고 황홀해지려 합니다. 그래서 충신들을 다룬 소설 같은 영화나 나치 이데올로기를 선전하는 잔인한 영화가 불평등을 향한 갈망에 호소할 때 사람들의 상상력이 거기에 너무나 쉽게 사로잡힙니다. 유혹자는 언제나 우리의 가치 체계에 있는 특정한 진짜 약점을 공략합니다. 우리가 허기를 느꼈던 부분에 음식을 제공하는 방식으로 말입니다.

평등을 약이나 안전장치가 아니라 이상理想으로 대하게 되면, 자기보다 우월한 모든 것을 미워하는 왜소하고 시기에 찬 마음이 생겨납니다. 잔인함과 굴종이 특권 사회의 특수한 질병인 것처럼, 우월성을 미워하는 마음은 민주주의의 특수한 질병입니다. 제대로 제어하지 않으면 이 마음이 우리 모두를 죽이고 말 겁니다. 즐겁고 충성된 순종과 그 순종을 당당하고 고귀하게 받아들이는 일을 생각도 하지 못하는 사람, 무릎을 꿇거나 고개를 숙이는 일을 단 한 번도 원해 본 적이 없는 사람은 따분한 야만인입니다. 그러나 이런 옛 불평등을 법적 또는 외형적 차원에서 복원하는 것은 사악하고 어리석은 일일 것입니다. 이 옛 불평등의 합당한 위치는 법적 외형적 차원이 아닙니다.

우리는 타락 이후 옷을 입어야 하는 존재가 되었습니다. 그렇습니다. 그러나 우리는 밀턴이 "이런 거추장스러운 위장물들"*이라고 표현한 옷 안쪽으로 벌거벗은 몸, 즉 진짜 몸이 살아 있기를 바랍니다. 그리고 적절한 상황에서 그것을 드러내길 원합니다. 부부의 침실에서, 프라이버시가 보장되는 남자들의 수영장에서, 그리고 (물론) 의료적 또는 기타 비상 상황에 필요할 때 말입니다. 이와 마찬가지로, 법적 평등이라는 필수적 외피 아래에는 우리가 즐겁게 받아들이는

* John Milton, *Paradise Lost*(1667), Book IV, line 740.

심오한 영적 불평등의 위계적 춤과 조화가 통째로 살아 있어야 합니다. 물론 영적 불평등은 그리스도인인 우리의 삶에 존재합니다. 우리는 평신도로서 목회자에게 순종할 수 있습니다. 정치적 수준에서는 목회자에게 어떤 권위도 없기 때문에 더더욱 그렇지요. 부모와의 관계, 선생님들과의 관계에서도 그렇습니다. 이제 그들에 대한 존경은 의지를 발휘한 전적으로 영적인 존경이기 때문에 더더욱 그렇습니다. 이런 순종과 존경은 부부 사이에도 존재해야 합니다.

이 마지막 논점은 좀 분명히 말할 필요가 있습니다. 과거에 남편들이 아내들에 대한 권력을 너무나 끔찍하게 남용했기 때문에 모든 사람 중에서도 아내들이 특히 평등을 이상적인 어떤 것으로 바라볼 위험이 있습니다. 그러나 나오미 미치슨 부인은 진짜 요점을 지목했습니다. 영국의 혼인법에서 원하는 대로 충분히 평등—많을수록 좋습니다—을 확보하자, 그러나 어떤 수준에서는 불평등에 동의하자, 아니 불평등을 기뻐하자. 불평등은 성애의 필수 요소다. 미치슨 부인은 저항 개념으로서의 평등을 배우고 자라 남자가 안기만 해도 적개심의 암류가 치밀어 오르는 여성들에 대해 말합니다. 여러 가정이 이런 이유로 파선합니다.* 이것은 현대 여성의 희극이자 비극입니다. 프로이트는 사랑의 행위를 인생에서 가장 중요한 것으로 여기라고 가르

* Naomi Mitchison, *The Home and a Changing Civilisation*(London, 1934), chapter 1.

쳤는데, 페미니즘은 사랑의 행위를 정서적으로 완전하게 성공시킬 유일한 조건인 내적 순복을 금지하고 있으니 말입니다. 다른 것은 따지지 않고, 여성의 성적 쾌감만을 고려해도 여성의 순종과 겸손이 어느 정도(일반적으로는) 필요한 듯 보입니다.

여기서의 오류는 모든 형태의 애정을 우리가 '우정'이라 부르는 특별한 형태의 애정과 동일하게 만들려고 한 것이었습니다. 정말이지 우정은 평등을 포함하지요. 그러나 우정은 한 가정 안에 존재하는 다양한 사랑들과는 상당히 다릅니다. 친구들은 보통 서로에게 빠져들지 않습니다. 우정은 그림 그리기, 배 몰기, 기도하기, 철학하기, 어깨를 나란히 하고 공동의 적과 싸우기 등 뭔가를 같이 할 때 솟아납니다. 친구들은 같은 방향을 바라봅니다. 하지만 연인들은 서로를 바라보지요. 즉 반대 방향을 봅니다. 한 관계에 속하는 모든 것을 통째로 다른 관계에 옮기는 것은 어리석은 실수입니다.

우리 영국인들은 의례상의 군주제를 잃지 않고 법적 민주주의(경제적 민주주의는 아직 멀었습니다만)에 상당히 도달할 수 있었던 것을 기뻐해야 합니다. 그로 인해, 우러러볼 대상을 바라는 우리의 갈망을 채워 주고 평등은 약일 뿐 음식이 아니라는 사실을 계속 상기시켜 주는 제도가 우리 삶의 한복판에 버티고 있게 되었기 때문입니다. 따라서 군주제에 대한 반응은 이 사실을 진짜로 알고 있는지 확인해 볼 수 있는 일종의 시금석이 됩니다. 군주제의 "실체를 폭로"하는 일은 어렵지 않습니다. 그러나 그렇게 폭로하는 사람들의 표정과 어투를 주목해 보면 에덴과 그들을 이어 주던 뿌리가 잘려 나갔음을 알 수 있습니다. 그들은 다성부 음악과 춤에 대한 소문을 전혀 듣지 못하는 이들, 죽 늘어놓은 자갈들이 아치보다 더 아름답다고 생각하는 사람들입니다. 하지만 그들이 원하는 바가 오직 평등이라 해도 거기에는 이를 수가 없습니다. 왕에게 경의를 표하는 일이 금지된 곳에서는 사람들이 백만장자, 운동선수, 영화배우들에게 경의를 표합니다. 심지어 유명한 매춘부나 갱들을 존경하기도 합니다. 사람은 몸의 욕구뿐 아니라 영혼의 욕구도 채워야 하는 존재이기 때문입니다. 필요한 음식을 주지 않으면 독이라도 게걸스럽게 삼킬 것입니다.

이것이 바로 이 모든 문제가 실제적으로 중요한 이유입니다. 우리는 "나도 너 못지않아"라고 말하는 정신이 우리의 인격적이고 영적인 삶에 파고드는 것에 적극 저항해야 합니다. 관료주의나 특권이 우리 정치에 파고드는 모든 경우만큼이나 말입니다. 내부의 위계가 있어야만 외부의 평등주의를 보존할 수 있습니다. 낭만주의자들의 민주주의 공격은 다시 찾아올 것입니다. 우리는 반민주주의자들이 말할 수 있는 모든 내용을 마음으로 이해하고 그들보다 그것에 더 잘 대답할 수 있어야 합니다. 그렇지 않는 한, 우리는 결코 안전하지 않을 것입니다. 일률적 평등이 정당한 정치 영역에 머물지 않고 내면의 보다 실제적이고 구체적인 영역으로 확장될 경우, 인간 본성은 일률적 평등을 언제까지고 견디지는 못할 것입니다. 평등을 입읍시다. 그러나 매일 밤 평등을 벗읍시다.

III
세 종류의 사람

The Sunday Times, 1943. 3. 21.

세상에는 세 종류의 사람이 있습니다. 본인과 쾌락만을 위해서 사는 첫 번째 부류는 인간과 자연을 자기에게 도움이 되는 형태로 마음껏 이용할 수 있는 원재료 정도로 봅니다. 두 번째 부류는 하나님의 뜻, 정언명령, 사회의 선 등이 자신에게 뭔가를 요구할 수 있음을 인정하고 그 요구가 허용하는 정도 이상으로 자기 이익을 추구하지 않으려고 정직하게 노력합니다. 그들은 납세자처럼 자신보다 높이 있는 존재의 요구에 따르려고 노력하지만, 다른 납세자들이 그렇듯 세금을 내고도 먹고 살 만한 돈이 남기를 바랍니다. 그들의 삶은 군인이나 학생처럼 '병영 안'과 '병영 바깥', '학교 안'과 '학교 바깥'의 시간으로 나뉩니다. 세 번째 부류는 사도 바울처럼 "사는 것이 그리스도"*라고 말할 수 있는 이들입니다. 이 사람들은 자아와 하나님의 경쟁적 요구를 조정하는 피곤한 일을, 자아의 요구를 완전히 거부하는 단순한 처방으로 끝장냈습니다. 자기중심의 옛 의지는 돌아섰고

* 빌 1:21

재조정되었고 새로워졌습니다. 그리스도의 뜻은 더 이상 그들의 뜻을 제한하지 않고, 그리스도의 뜻이 곧 그들의 뜻입니다. 그들의 모든 시간은 그리스도께 속함으로써 그들에게도 속합니다. 그들은 그분의 소유이기 때문입니다.

세상에는 이 세 부류가 존재하기 때문에, 세상을 선과 악의 두 부류로만 나누면 큰 문제가 생깁니다. 이런 이분법은 두 번째 부류의 사람들(우리 대부분이 여기 속합니다)이 언제나 필연적으로 불행하다는 사실을 간과합니다. 도덕적 양심이 우리의 욕구에 부과하는 세금은 사실 우리가 먹고살 만큼의 돈을 남겨 주지 않습니다. 우리가 이 부류에 속하는 한, 세금을 제대로 내지 않았다는 죄책감에 시달리거나 가진 것을 세금으로 다 내고 궁핍에 허덕이게 됩니다. 도덕법에 충실한 선행으로는 '구원'을 얻을 수 없다는 기독교의 교리는 우리가 매일 경험하는 사실입니다. 우리는 돌아가거나 계속 전진해야 합니다. 그러나 스스로의 노력만으로는 계속 나아갈 수 없습니다. 새로운 자아, 새로운 의지가 그리스도의 기쁘신 뜻대로 우리 안에 태어나지 않으면, 우리에게서 종합적으로 그분의 모습이 나올 수가 없습니다.

그리스도께서 요구하시는 대가는 어떤 면에서 도덕적 노력보다 훨씬 쉽습니다. 우리가 그분을 원하는 것이지요. 그 원함 자체가 우리의 능력을 벗어난 일이라는 것은 사실입니다. 그러나 잊어서는 안 될 한 가지가 있습니다. 세상은 우리에게 만족을 주는 것들을 우리가 버리도록 돕기 위해, 만족을 주는 것들이 우리를 버리도록 만들어져 있다는 사실입니다. 전쟁이 터지고 어려움이 닥치고 마침내 고령이 되면서 자연적 자아가 자신의 기반이 되길 희망하던 모든 것들이 하나하나 우리를 떠나갑니다. 달라고 구하는 것만이 우리의 유일한 지혜이고, 결국 가진 것이 없어지면서 구걸하는 자가 되는 일은 점점 쉬워집니다. 자비로운 분은 이런 조건으로도 우리를 받아 주실 것입니다.

IV
나의 첫 번째 학교

Time And Tide, 1943. 9. 4.

아이가 말했습니다. "다음 주는 안 될 거예요. 금요일에는 학교로 돌아가거든요." 제가 대답했습니다. "안 됐구나." 아이가 다시 말했습니다. "아, 저는 괜찮아요." 아이의 얼굴을 슬쩍 훔쳐보니 그 답변이 극기심 같은 것이 아님을 알 수 있었습니다. 아이는 학교로 돌아가는 것을 정말로 개의치 않았습니다. 심지어 좋아하는 것 같기도 했습니다.

아이의 표정을 읽고 제 마음이 막연히 씁쓸했던 것은 단지 저보다 더 행복한 세대에 대한 시기심 때문이었을까요? 그럴 가능성을 너무 가볍게 무시해서는 안 될 것입니다. "나도 당해 본 일이야. 지들이라고 겪으면 안 될 이유가 어디 있어?"라는 생각은 강력하고 위장에 능합니다. 그러나 이 경우에 있어서 저는 여기에 해당하지 않는다고 믿습니다. 혼란스럽긴 했지만, 저는 이 시대의 행복한 남학생들은 선배들이 겪었던 고통을 면함으로써 참으로 큰 유익을 놓쳤다고 생각했습니다. 학생들이 그런 고통을 대물림하길 바라는 것은 아닙니다. 그래서 이 문제가 복잡해집니다.

저의 첫 번째 학교는 《아들이 된 아빠》[1]에 등장한 것과 같은 예비 학교였고 끝까지 남아 있던 몇몇 곳 중 하나였습니다. 한 가지 세

부 사항만 달랐지요. 밀고자가 없었다는 점입니다. 만일 학생들이 밀고를 했더라면, 학교를 소유한 덥수룩한 머리의 늙은 협잡꾼이 첩보활동을 벌이면서 그곳을 운영했을지도 모르겠습니다. 여러 해가 지난 후 그가 아버지에게 달콤한 아부를 담아 보낸 편지들이 제 손에 들어왔을 때 저는 충격을 받았고, 그가 능히 그럴 만한 사람이었다는 생각이 들었습니다. 그러나 우리는 그에게 기회를 주지 않았습니다. 우리 중에는 고자질쟁이가 없었습니다. 교장 선생님에게는 장성한 아들이 하나 있었는데, 겉으로는 상냥하고 푸근해 보여서 고자질에 딱 어울리는 위인이었습니다. 그의 누이들은 학생들과 같은 음식을 먹었지만 그는 아버지와 같은 음식을 먹었지요. 신의 특권을 누리는 반신인 셈이었습니다. 그러나 우리는 (노동조합에서 말하는 식으로) '일치단결'했습니다. 얻어맞았고 속았고 겁먹었고 먹을 것이 부족했지만 우리는 밀고하지 않았습니다. 그런데 제가 바로 그 학교에서 단순 권력과 온갖 다양한 배신자를 대하는 데 꼭 필요한 태도를 동시에 익혔다는 느낌을 지울 수가 없습니다. 그 느낌이 어찌나 강한지 못된 교장과 같은 사람이 사라진다면 무엇이 그 역할을 대신할 수 있을지 생각하기 어려울 정도입니다. 그는 그럴 의사가 전혀 없었지

1) F. 앤스티의 코믹 소설. 사업가 벌티튜드 씨와 기숙학교 학생인 아들 딕이 마법의 돌의 힘으로 서로 뒤바뀌는 소동을 그린 코믹 환상물. 그림스턴 박사가 학생들을 괴롭히는 기숙학교가 작품의 무대.

만 명예의 교사이자 자유의 보루였습니다. 독재자들과 비밀경찰은 학생들 사이에 고자질 금지 규칙이 없는 나라들에서 생깁니다. 물론 우리는 좋은 교장 선생님들이 있기를 바라야 합니다. 그러나 좋은 교장 선생님들이 "네, 선생님. 오, 선생님. 그렇습니다. 부탁입니다. 선생님"만 연발하는 학생들을 배출한다면, 그들은 스퀴어스* 교장보다 나라에 더 큰 재앙을 안겨 줄 것입니다.

다음은 학기말에 대한 이야기입니다. 연필로 표시된 작은 탁상 달력. 23일 전. 22일 전. 21일 전…… 다음 주…… 이제는 내일모레…… 이제는 내일……. 드디어 짐을 꾸려 넣을 트렁크가 기숙사로 내려왔습니다. 번연은 순례자들이 뿔라의 땅에 이르렀을 때 "크리스천은 천국을 갈망하는 마음 때문에 병이 들고 말았다. 소망 또한 같은 증세로 한두 번 병치레를 했다"**고 들려줍니다. 저는 그 병을 아주 잘 압니다! 그것은 그저 은유가 아니었습니다. 전율이 일고 속이 떨렸습니다. 기분 좋으면서도 괴로운 오싹함이 등줄기를 타고 흘렀고, 식욕이 달아났고, 도무지 잠이 오지 않았습니다. 그리고 마지막 날 아침은 결코 저를 배신하지 않았습니다. 그 시간은 갈망 가운

* 웩퍼드 스퀴어스Wackford Squeers는 찰스 디킨스의 소설 《니콜라스 니클비Nicholas Nickleby》(1838–1839)에 나오는 기숙학교 두더보이스홀Dotheboys Hall의 교장이다.

** John Bunyan, *The Pilgrim's Progress*, ed. James Blanton Wharey, second edition revised by Roger Scharrock(1960), Part I, p. 155.

데 줄곧 기대하던 것보다 더하면 더했지 덜하지 않았습니다. 그 현기증 나는 환희 가운데서 이성을 잃지 않으려면 평범한 것들을 열심히 생각해야 했습니다. 저는 그 경험이 이후 줄곧 제게 기쁨joy의 척도이자 기쁨과 단순한 쾌락을 구분하는 척도 역할을 했다고 믿습니다. 그런 학기말을 기억하는 사람들이 이후 살아가면서 단순한 쾌락을 얻기 위해 그 기쁨을 팔아넘긴다는 것은 용납받을 수 없습니다. 면도날이나 바늘 끝처럼 예리한 그 기쁨의 특성이 부족할 때 그들은 그것을 즉시 알아볼 수 있으니까요. 그것은 빛 자체를 삼키는 것 같은 충격입니다.

그러나 기숙학교를 다니던 저는 그 이상의 것을 배웠습니다. 매번 학기초에는 학기말을 믿을 수가 없었습니다. 물론 저는 학기말을 믿었지만, 그것은 전통적으로 '종교'인이 천국을 '믿는' 것과 같았습니다. 종교인이 천국을 믿지 못하는 것처럼 저는 학기말을 믿지 못했습니다. 자신이 암에 걸린 것이 아닌지 의심하는 세속적인 사람에게 천국의 영광을 말해 봐야 도움이 되지 않듯, 학기말이 주는 위로는 당장 내일 닥칠 기하학 수업(기하학은 우리에게 엄청난 매질을 안겨 주는 과목이었습니다)의 공포에 맞서는 데 별 도움이 되지 않았습니다. 학기의 전반기에는 집이 주는 기쁨이 '현실 도피적' 환상일 뿐이었지요. 이론적으로야 사람들이 편한 옷을 입고 따뜻한 침대에서 자고 몸에 맞는 의자에 앉고 맛있는 음식을 먹는 세상이 존재함을 알았지만, 아무리 애써도 그런 세상이 현실로 느껴지지 않았습니다. 하지만 학기마다 믿을 수 없는 일이 일어났습니다. 학기가 끝나는 날이 정말 찾아왔습니다. 매를 든 채 고함을 치고 인상을 찡그리는 노인, 그 으름장, 그 끔찍한 경박함, 새까만 벽들, 변소이자 학생들의 소지품 상자를 보관하는 창고 건물이 모두 꿈처럼 "일거에 사라졌습니다."

물론 어두운 기적도 있었습니다. 방학 전반부에는 다음 학기가 믿기지 않았습니다. 우리는 학교로 돌아가야 한다는 사실을 알았습니다만, 그것을 정말 안다고 할 수 있을까요? 그것은 평화로운 시절의 건강한 젊은이가 자신의 손이 언젠가 뼈다귀로 변할 것임을 아는 것과 같습니다. 지구가 언젠가 아무도 살 수 없는 곳이 되고 (그 이후에) 온 우주가 '정지'할 것임을 아는 것만큼이나 막연한 생각이었지요. 그러나 믿을 수 없는 일이 꾸준히 다가오다 매번 현실이 되었습니다. 방학이 끝나고 그 시간이 마치 존재하지 않았던 것처럼 '끔찍한 과거의 일부'가 되어 버리는 그 주, 그날, 그 시간이 왔습니다. 그 경험 덕분에 저는 현재의 일들을 눈에 보이는 그대로 중요하게 받아들일 수 없었습니다. 그러도록 부추기는 철학을 신봉할 때조차 말입니다. 저는 저 자신의 죽음과 인류의 죽음을 (대부분의 경우) 믿을 수 있습니다. 그런 종류의 일이 일어나는 것을 보았기 때문입니다. 저는 인간의 불멸을 지성으로만이 아니라 신경의 감각과 상상력으로도 믿을 수 있습니다. 그것이 현실이 될 때 제가 경험한 다른 각성보다 더 놀랍지는 않을 것 같습니다. 저는 학교에서 소망과 갈망을 붙들고 살아가는 기술을 배웠습니다. 두 개의 세계가 존재한다는 것은 저에게 놀라운 사실이 아닙니다.

이것의 교훈은 무엇일까요? 학생들이 학교에서 행복을 느끼게 해선 안 된다는 것일 리는 없습니다. 제가 첫 번째 기숙학교에서 얻을 수 있었던 좋은 결과들은, 그 학교의 고약한 교육과정이 그런 결과를 내놓기 위해 의도적으로 만든 것이었다면 생겨나지 않았을 것입니다. 좋은 결과들은 전부 부산물이었습니다. 속아 넘어간 학부모들로부터 최대한 이익을 챙기고 학생들에게는 최대한 적게 돌려주려는 사악한 노인의 욕망에서 파생된 부산물 말입니다. 이것이 요점입니다. 미래의 교육을 계획할 때는, 우리가 운명을 바꿀 수 있다는 망상 따위는 버려도 됩니다. 물론 우리는 최선을 다해 좋은 계획을 세워야 합니다. 그러나 분명히 알아야 할 것은, 그 계획이 모든 개별 학생에게 미칠 깊고 최종적인 영향은 우리가 상상도 못했던 모양일 것이라는 점입니다. 청사진이나 작업 모형 단계에서는 어떤 암시도 찾아볼 수 없지만 그 영향은 우리 계획의 자유로운 움직임에서 튀어나올 것입니다.*

* 루이스는 자서전 《예기치 못한 기쁨》(1955)에서 첫 번째 학교를 설명하는 데 한 장을 할애하고 그곳을 '벨젠'이라고 부른다. 그곳의 진짜 이름은 윈야드스쿨이었고 하퍼드셔의 왓퍼드에 위치했다. 루이스가 입학했던 1908년에는 윈야드스쿨이 몰락하고 있었고, 1910년 학교가 문을 닫으면서 그는 자유를 얻었다. 루이스는 《예기치 못한 기쁨》을 출간한 이후에야 극도로 잔인했던 교장이 오랫동안 제정신이 아니었음을 알게 되었다. 교장은 학교가 문을 닫고 1년 후 정신병원에서 죽었다.

V

영어영문학은 이제 끝났는가?

The Spectator, 1944. 2. 11.

한 나라의 생애에서는 큰 변화들이 종종 아무도 모르게 이루어집니다. 영국의 대학에서 진지한 영어영문학 연구가 사라질 가능성이 높다는 사실을 아는 사람은 별로 없을 것입니다. 사형 집행장 작성이 끝났고 서명만 기다리고 있는 상황입니다. 이에 관한 내용은 노우드 보고서*에서 읽어 볼 수 있습니다. 균형 잡힌 교육 계획은 두 가지 폐해를 피하려고 노력해야 합니다. 먼저 대학에서 요구하는 입학 기준에 근거한 교과과정 때문에 대학에 가지 않을 학생들이 피해를 입어서는 안 됩니다. 또 학생들의 요구로 대학의 연구 형태가 정해지게 허용함으로써 대학의 자유를 무너뜨려서는 안 됩니다. 노우드 보고서 작성자들은 이 두 번째 덫에 빠졌습니다. 보고서 작성자들

* 위원장이었던 노우드Cyril Norwood 경의 이름을 따서 '노우드 보고서The Norwood Report'라고 불린 이 보고서의 정식 명칭은 다음과 같다. *Curriculum and Examinations in Secondary Schools: Report of the Committee of the Secondary School Examinations Council Appointed by the President of the Board of Education in 1941*(1943). 월터 후퍼가 편집한 루이스의 에세이집 *Of This and Other Worlds*에 실린 에세이 〈파르테논과 기원법*The Parthenon and the Optative*〉 (1982)도 보라. 이 책의 미국판 제목은 *On Stories: And Other Essays on Literature*(1982)이다.

은 "영어는 '어떤 교사라도' 가르칠 수 있다"(94쪽)고 확신합니다. 그들은 영어 교과의 "때 이른 외부 시험"에 반대합니다만(96쪽), 저는 "때가 무르익은" 순간이 오기는 할지, 온다면 그때가 언제일지 잘 모르겠습니다. 영어영문학 전공자를 교사로 찾는 곳은 없습니다. 그리고 대학들은 "영어 및 …… 다른 과목을 아우르는 포괄적 우등 학사 과정"(97쪽)을 개발해야 합니다. 영어영문학 연구의 번창을 위해서가 아니라 하급 학교의 상황에 맞추기 위해서입니다.

제가 대화를 나눠 본 식자 중 그 누구도 이 보고서의 제안들이 (만약 받아들여진다면) 영어영문학이라는 학문의 종언을 의미한다는 점을 의심하지 않습니다. 외부 시험이 존재하지 않는 학과목에는 국가 장학금도 없을 것입니다. 학교 교사가 필요하지 않은 과목을 공부하는 사람들은 그것으로 생계를 꾸리지 못할 것입니다. 영문학 연구로 가는 문과 거기에서 나오는 문이 다 벽돌로 막혔습니다. 이렇게 해서 모든 대학의 영어영문학 교수들은 학생이 없는 선생이 됩니다. 가장 규모가 큰 일부 대학에는 영어영문학 정교수가 한 명씩 있겠지요. 산스크리트어나 비잔틴 그리스어 정교수가 있는 것처럼 말입니다. 그리고 (운이 좋은 해라면) 너덧 명의 학생들이 그의 강의를 수강할 수 있을 겁니다. 그러나 한 나라의 지적 삶의 중요한 요소인 영어영문학은 죽음을 맞을 것입니다. 영문학이 해외에서, 특히 미국과 독일에서 살아남기를 대담하게 바랄 수는 있겠습니다만, 영국에서는 살아남지 못할 것입니다.

이런 결과를 반길 만한 부류가 있습니다. [그들이 볼 때] 영어영문학과 교수들은 오지랖 넓게 나서는 습관이 있습니다. 케임브리지 우등 졸업 시험Tripos의 매우 현대주의적이고 급진적인 성격과, 옥스퍼드 학위 시험의 소위 거북할 만큼 기독교적인(과장을 섞으면) 특질은 각기 다른 방식으로 불쾌감을 줄 수 있습니다. 이 둘은 함께 경고의 역할을 합니다. 대량생산된 통설이 통용되기 원한다면 젊은이들이 영문학을 공부하지 않게 만들어야 한다는 경고입니다. 영문학은 무슨 일이든 일어나는*tout arrive* 영역이니까요. 그러나 저는 노우드 보고서가 이런 고려 사항을 염두하여 만들어졌다고 생각하지 않습니다. 이 보고서가 영문학 연구를 죽인다면, 아마도 우연히 그렇게 될 것입니다. 보고서의 견해는 정직한 오해의 결과입니다. 이 보고서는 '어떤 교사'든 자신의 특수 과목을 가르치는 과정에서 명료하고 논리적인 영어를 가르칠 수 있다고 보고 있습니다. 보고서를 작성한 이들 중 최고 연장자들이 학생이었던 시절에는 이런 생각이 그럴듯했을 것입니다. 그들을 가르친 모든 교사는 고전학을 배운 이들이었으니까요. 고전학 공부가 영어 문체에 미치는 결과가 흔히 주장하는 정도만큼 좋지는 않았다는 것이 사실이지만, 고전학 공부는 적어도 최악의 야만 상태는 면하게 해주었습니다. 그 이후로 고전학은 거의 궤멸되었습니다. 진지하게 연구한 영어영문학이 그 자리를 대신하지 못한다면, 다른 과목을 가르치는 과정에서 '어떤 교사'가 주입하는 영어는 잘해야 그가 애독하는 신문을 반영한 것일 테고, 최악의 경우는 그가 가르치는 과목의 전문용어일 것입니다.

노우드 보고서의 견해는 영어영문학의 진정한 본질을 오해한 채 (그렇게 형성된 것처럼) 널리 승인될 위험이 있습니다. 지리나 (하늘도 무심하게!) 신학 과목에서 학생들이 시험을 치르게 하는 것은 합당하지만 영어 시험은 합당하지 않다고 생각하는 이들이 많을 것입니다. 문학의 취지는 즐거움을 선사하는 것이지만 지리학과 신학은 그렇지 않다는 것이 그들이 내세우는 근거입니다. 영문학을 가르치는 것은 사실 '감상'의 보조 역할로 구상한 일입니다. 그리고 감상은 물론 필수적인 요소*sine qua non*이지요. 농담에 웃고, 비극에 몸을 떨고, 비애감에 눈물 흘리는 것, 이것은 문법을 익히는 일만큼이나 필요합니다. 그러나 문법도 감상도 영문학의 궁극적인 목표는 아닙니다.

문학 공부의 진정한 목표는 학생을 모든 시간과 존재의 관객까지는 아니더라도 최대한 많은 '시간과 존재'의 '관객'으로 만들어 그를 가두고 있던 편협성provincialism에서 벗어나게 하는 것입니다. 좋은 (따라서 서로 의견이 다른) 교사들에게 이끌려 과거가 여전히 살아 있는 유일한 곳에서 과거를 만났다면, 중학생이나 심지어 초등학생이라도, 자신의 나이와 계급의 편협함에서 벗어나 좀 더 공적인 세계로 들어서게 됩니다. 그 학생은 진정한 정신현상학*Phaenomenologie des Geistes*을 배우고, 인간 안에 어떤 다양성이 존재하는지 발견합니다. '역사' 혼자서는 할 수 없는 일입니다. 역사는 주로 2차 사료에 의거하여 과거를 연구하기 때문입니다. 몇 년씩 '역사 공부'를 하고도 앵글로색슨

백작, 기사, 18세기 시골 신사로 사는 것이 어떤 느낌인지 끝내 모르는 것이 가능합니다. [역사라는] 태환 지폐로 교환할 수 있는 금은 거의 전적으로 문학에서만 찾을 수 있습니다. 문학 안에서 우리는 일반화와 캐치프레이즈의 독재에서 벗어날 수 있습니다. 문학을 공부하는 사람들은 (예를 들어) 군인정신militarism이라는 단어 배후에 얼마나 다양한 실체들—랜슬롯, 브래드워딘 남작, 멀바니*—이 숨어 있는지 압니다. 제가 영국 대학들의 영어영문학 교수진을 (현대의 조건에서) 인문학의 주된 수호자로 여긴다면, 틀림없이 제가 큰 빚을 진 학문 분야에 대한 편애의 결과로 오인될 것입니다. 하지만 어떤 면에서 저는 판단을 내리기에 좋은 위치에 있습니다. 저는 고전 인문학Literae Humaniores과 영어영문학에서 학생과 교사의 자리를 모두 경험했고, 사학과History School에서는 (고백하자면) 교사로만 있었습니다. 누군가 이 세 학문 중에서 영문학이 가장 진보적이라—그리고 자유를 안겨 준다—고 말한다면, 저는 그 말을 반박하기 어려울 것 같습니다.

시드니의 무시도러스Musidorus는 이렇게 말했습니다. "이 시간, 이 장소, 이런 운명에서는 영광스럽게 말하는 것이 적법하다." 사형수 감

* 아서 왕 이야기에 등장하는 랜슬롯 경Sir Launcelot, 월터 스콧 경Sir Walter Scott의 역사소설 《웨이벌리*Waverley*》(1814)에 나오는 브래드워딘 남작Baron Bradwardine, 러드야드 키플링Rudyard Kipling의 《세 명의 군인*Soldiers Three*》(1888)에 나오는 병사 중 한 명인 테렌스 멀바니Terence Mulvaney를 가리킨다.

방에서 한 말이었지요.* 영국이 그리스와 로마의 관행에서 벗어나 자국 문학에 대한 체계적 연구를 중단하게 된다면, 그런 불행이 닥치기 전, 영문학이 존재한 짧은 기간 동안 어떤 열매가 열렸는지 기억하는 것은 정직한 긍지를 갖게 하는 일일 것입니다. 그 열매들은 다른 어떤 학문의 열매들과 비교해도 손색이 없습니다. 우리 영어영문학 학자들은 활동한 기간은 100년도 되지 않습니다. 그 기간에 우리는 영국에 세계 최고의 사전을 바쳤습니다. 이제껏 필사본 상태에 갇혀 있던 방대한 양의 중세 문학작품을 출판했습니다. 셰익스피어 작품의 텍스트를 확정했습니다. 초서의 텍스트를 해석했습니다. 가장 최근에 활동하는 영국 시인들에게 가장 오래된 영국 시인들의 영향력을 전해 주었습니다. 롤리[1]의 풍부한 인간애, W. P. 커[2]의 번뜩이는 천재성, R. W. 체임버스[3]의 끈기 있는 지혜, 그리고 (조금 더 거슬러 올라가자면) 스키트[4], 퍼니벌[5], 요크 파월[6], 조지프 라이트[7] 같은 강인한 옛 거인들이 우리의 결실입니다. 보다 최근에 케임브리지에서는 아리스

* Sir Philip Sidney, *The Arcadia*(1590), Book V.

1) Walter Alexander Raleigh, 1861-1922. 문학 비평가, 에세이스트, 문학 교수.
2) William Paton Ker, 1855-1923. 스코틀랜드의 문학 학자, 에세이 작가.
3) Raymond Wilson Chambers, 1874-1942. 문학 학자, 작가.
4) Walter William Skeat, 1835-1912. 언어학자, 사전 편집자.
5) Frederick James Furnivall, 1825-1910. 언어학자, 편집자.
6) York Powell, 1850-1904. 역사가.
7) Joseph Wright, 1855-1930. 언어학자.

토텔레스 이후로 선례가 없는, 문학적 경험의 본질에 대한 조사를 시작했습니다. 얼마 전에는 옥스퍼드의 영어영문학 교수들이(모든 대학교수진 중 최초로) 현재 독일의 수용소에 갇혀 있는 영국인 전쟁 포로들을 대상으로 학사 취득 자격시험을 실시했습니다. 우리는 그들이 포로수용소에서 수많은 시간을 유용하고 즐겁게 보냈음을 말해 주는 시험 답안지를 읽고 또 읽으면서 그 수고에 엄청난 가치가 있었다고 느꼈습니다. 우리는 이것이 바로 '감상'의 가치만이 아니라 수세기에 걸쳐 변화하는 감정, 사상, 예절을 꾸준히 따라가는 작업의 가치에 대한 이론의 여지없는 증거라고 생각했습니다. 이것이 미래를 위한 좋은 조짐이라고 생각했지요. 우리가 랜슬롯의 경우처럼 죽음을 상으로 받게 될 줄 모르고서 말입니다.

교육위원회라는 함정艦艇은 일개의 학자들과 영국인들의 함정보다 화력이 좋습니다. 위원회가 우리를 침몰시키기로 결정한다면 그럴 수 있습니다. 그러나 가라앉고 있는 것이 무엇인지는 더 많은 대중이 알아야 합니다.

VI
민주적 교육

Time And Tide, 1944. 4. 29.

민주적 교육은 민주주의 신봉자들이 좋아하는 교육이 아니라 민주주의를 보존하게 해줄 교육을 의미해야 한다고 아리스토텔레스는 말합니다. 이 두 가지가 반드시 같이 가는 것은 아님을 깨닫기 전에는 교육에 대해 명료하게 생각할 수 없습니다.

가령 능력 있고 부지런한 학생들을 둔하고 게으른 학생들보다 우대하지 않는 교육이 어떤 의미에서는 민주적일 것입니다. 그것은 평등주의적 교육이 되겠고 민주주의 신봉자들은 평등을 좋아합니다. 《이상한 나라의 앨리스》에 나오는 코커스 경주는 경주에 나선 모두가 승리하고 상을 받는 '민주적' 경주였습니다. 가터 훈장처럼 그것은 공적merit에 대한 허튼소리를 조금도 용인하지 않았습니다.* 교육에서는 아직 이런 식의 총체적 평등주의를 공공연히 추천하지 않지만, 이런 방향으로의 움직임은 나타나기 시작했습니다. 일부 학생들

* 1344년에 에드워드 3세가 제정한 가터 훈장Order of the Garter은 최고의 기사단 훈장이다. 루이스가 염두에 둔 것은 멜번 경Lord Melbourne(1779-1848)이 가터 훈장에 대해 했던 다음의 말이었다. "나는 가터 훈장이 좋다. 거기엔 어떤 망할 공적도 없다."

이 다른 학생들보다 훨씬 뛰어난 과목들은 필수 과목이 되어서는 안 된다는 요구가 커지는 데서 이 움직임을 볼 수 있습니다. 예전에는 그 과목이 라틴어였고, 제가 받은 편지 중 한 통에 따르면 지금은 그 과목이 수학입니다. 두 과목 모두 특정 유형의 학생들에게 '부당한 이점'을 제공합니다. 그러므로 그 이점을 폐지하는 것이 어떤 의미에선 민주적입니다.

그리고 이 두 필수 과목을 폐지하는 데서 멈추어야 할 이유는 물론 없습니다. 일관성을 유지하려면 더 멀리 나가야 합니다. 모든 필수 과목을 폐지하고, 교육과정을 아주 폭넓게 만들어서 '모든 학생이 무엇인가에는 기회를 얻을 수 있게' 해야 합니다.' 그러면 알파벳조차 배우지 못하거나 배울 의향이 없는 학생이라도 무엇인가에 대해서는 칭찬과 격려를 받을 수 있습니다. 공예나 체조, 도덕적 리더십이나 품행, 시민적 자질, 기니피그 돌보기, '취미'나 음악 감상 등 학생이 좋아하는 어떤 일에 대해서 말이지요. 그렇게 되면 어떤 학생, 학부모도 열등감을 느낄 필요가 없어집니다.

이런 노선을 따르는 교육은 민주적 정서에 걸맞을 것입니다. 자연적 불평등을 바로잡을 것입니다. 그러나 이런 교육으로 만들어질 민주적 국가가 과연 생존이 가능할지, 심지어 생존이 바람직할지는 전혀 다른 문제입니다.

이런 교육을 받은 나라가 생존할 가능성이 낮다는 점은 길게 설명할 필요가 없습니다. 이 나라가 멸망을 피할 수 있는 길은 경쟁국과 적국이 친절하게도 같은 교육제도를 채택하는 것뿐입니다. 바보들의 나라는 바보들의 세계에서만 안전할 수 있습니다. 그런 나라의 생존이 바람직한가의 문제는 더욱 흥미롭습니다.

평등의 요구는 두 가지 근원에서 나옵니다. 하나는 인간의 감정 중에서 가장 고상한 것이고, 다른 하나는 가장 저속한 것입니다. 고상한 근원은 페어플레이의 욕구입니다. 다른 근원은 우월성에 대한 증오입니다. 지금 후자의 중요성을 간과하는 것은 대단히 비현실적인 일입니다. 모든 사람 안에는 자기보다 더 강하고 더 섬세하고 더 나은 존재에 분개하는 성향이 있습니다(이 성향은 외부의 좋은 훈련과 내부의 끈질긴 도덕적 노력에 의해서만 고칠 수 있습니다). 교정되지 않은 야만적인 사람들 안에서 이 성향은 모든 종류의 탁월성을 향한 완강하고 냉담한 증오로 굳어집니다. 한 시기에 유행하는 어휘는 비밀을 드러냅니다. 오늘날 '콧대 높다high-brow', '잘난 체한다up-stage', '학연old school tie', '아카데믹하다academic', '우쭐해한다smug', '의기양양하다complacent' 같은 단어들이 어마어마하게 유행하는 데 경각심을 가질 이유가 있습니다. 오늘날 쓰이는 이 단어들은 문제가 되는 지점들을 말해 줍니다. 그 안에서 우월성에 대한 증오의 독이 요동치는 것이 느껴집니다.

이미 모습을 드러내고 있는 '민주적' 교육이 해로운 이유는 악한 욕구를 달래고 시기심을 진정시키려 노력하기 때문입니다. 이런 시도를 해서는 안 되는 두 가지 이유가 있습니다. 첫째, 성공할 수 없기 때문입니다. 시기심은 채울 수 없습니다. 양보하면 할수록 더 많은 것을 요구할 것입니다. 그 어떤 겸손한 태도를 취해도 열등의식을 가진 사람을 달랠 수는 없을 것입니다. 둘째, 이 시도는 평등이 치명적인 결과를 가져오는 곳에 평등을 도입하는 일입니다.

평등equality은 순전히 사회적 관념입니다(수학에서 말하는 상등 관계 equality는 예외입니다). 평등은 정치적 경제적 동물로서의 인간에게 적용할 수 있는 개념입니다. 지성의 세계에서는 평등이 설 자리가 없습니다. 미美는 민주적이지 않습니다. 미는 다수보다는 소수에게, 부주의한 이들보다는 스스로 절제하며 끈질기게 추구하는 이들에게 자신을 드러냅니다. 덕은 민주적이지 않습니다. 대부분의 사람들보다 덕을 더욱 뜨겁게 추구하는 이들이 덕을 달성합니다. 진리는 민주적이지 않습니다. 진리는 자기가 호의를 베푸는 이들에게 특별한 재능과 특별한 노력을 요구합니다. 정치적 민주주의가 평등의 요구를 이런 고차원적 영역으로 확장하려 시도하면 그 수명이 다했다고 볼 수 있습니다. 윤리적, 지성적, 미학적 민주주의는 곧 죽음입니다.

참된 민주적 교육—민주주의를 보존해 줄 교육—은 고유의 분야에서 가차 없이 귀족주의적이고, 뻔뻔스럽게 콧대가 높아야 합니다. 이 교육은 교육과정을 작성할 때 알고 싶어 하고 알 수 있는 학생의 이익을 언제나 우선적으로 고려해야 합니다(극소수의 예외를 제외하면, 알고 싶어 하는 학생이 곧 알 수 있는 학생입니다. 둔한 학생은 거의 언제나 알고 싶어 하지 않습니다). 어떤 의미에서 이 교육은 다수의 이익을 소수의 이익에 종속시켜야 하고, 하급 학교를 대학에 종속시켜야 합니다. 그렇게 해야만 이 교육이 일급 지식인의 모판이 될 수 있습니다. 이런 지식인들 없이는 민주국가든 다른 어떤 국가든 번성할 수 없습니다.

이런 질문이 나올 수 있을 것입니다. "둔한 학생은 어떡합니까? 수업 때 잔뜩 긴장하고 셈과 문법을 좋아하지 않는 우리 토미는요? 다른 사람들의 아이들 때문에 가혹하게 희생되어야 합니까?" 저는 이렇게 대답하겠습니다. 부인께서는 토미의 진정한 바람과 관심사를 오해하셨습니다. 토미가 원하는 것을 실제로 안겨 줄 제도가 바로 '귀족주의적' 교육제도입니다. 제가 제 방식대로 하게 맡겨 주신다면, 토미의 성적은 자연스럽게 학급 최하위로 향할 것입니다. 거기서 그는 교실 뒷자리에 앉아 캐러멜을 씹고 급우들과 부드러운 목소리로 *sotto voce* 대화를 나누고 가끔 야유를 보내고 가끔 벌을 받으면서 권위에 대한 비타협적 태도를 줄곧 흡수할 것입니다. 이 태도야말로 영국이 노예 국가가 되지 않도록 막아 줄 우리의 주된 보호막입니다. 토미가 장성하면 포슨* 같은 학자가 되지는 않겠지만, 세상에는 포슨 같은 이들보다는 토미 같은 이들을 위한 자리가 훨씬 더 많을 것입니다. 토미가 대단히 유용한 인력으로 아주 행복하게 지낼 수 있는 수

* Richard Porson, 1759-1808. 노스월셤 부근의 이스트러스턴 교구 총무의 아들로 태어난 그는 어릴 때 비범한 기억력을 보여 주었고 여러 보호자들의 도움으로 이튼고교와 케임브리지대학 트리니티대학에서 교육을 받았다. 1792년에 케임브리지의 그리스어 흠정교수가 되었다.

십 가지 직업이 있습니다(지적인 일자리보다 수입도 훨씬 좋습니다). 그리고 그는 학교에서 값을 매길 수 없는 대단한 유익 한 가지를 누릴 것입니다. 그는 자신이 영리하지 않음을 알게 되는 것이지요. 그는 뛰어난 두뇌를 가진 친구들과 자신의 차이를 줄곧 분명히 인지하게 될 것입니다. 운동장에서 그 뛰어난 두뇌가 담긴 머리를 쥐어박을 때부터 말입니다. 그는 그들에 대해 재미가 절반쯤 섞인 분명한 존경심도 가질 것입니다. 골프장에서는 쉽게 이길 수 있는 그들이 자기가 모르는 것을 알고 할 수 없는 일을 할 수 있음을 유쾌하게 인정할 것입니다. 그는 민주주의의 기둥 같은 존재가 될 것입니다. 그는 더 똑똑한 그들에게 딱 적당한 재량권을 허용할 것입니다.

그러나 부인께서 원하시는 것은 토미가 영원한 반대 측의 일부로서 누리는 온전히 자유로운 사생활을 빼앗는 일입니다. 그 자유는 토미가 원하는 전부입니다. 어른들은 운동 경기를 필수로 만들어 진짜 놀이의 재미를 빼앗았습니다. 우리가 더 깊숙이 참견을 해야 할까요? 토미보다 뛰어난 학생들을 위한 라틴어 수업 시간에 그가 책상 밑에서 나무 조각 하나를 깎아 배를 만들고 있을 때, 굳이 끼어들어서 아이의 '재능'을 발견하고 목공 수업에 보내야만 하겠습니까? 아이가 우리에게 감사할까요? 배를 조각하는 일의 매력 절반은 그것이 권위에 대한 저항의 일환이라는 사실에 있습니다. 그 즐거움—이것 없이는 민주주의가 존재할 수 없습니다—을 아이에게서 빼앗아야만 할까요? 아이의 취미에 점수를 주고, 그것을 공식적인 과목으로 만들고, 마침내 그가 하는 일이 진짜 공부만큼이나 '나름의 방식으로' 영리한 것이라고 믿도록 가엾은 아이를 속여야 할까요? 그렇게 해서 어떤 결과가 나올까요? 그가 진짜 세상으로 나오면 진실을 알게 될 수밖에 없습니다. 그리고 아마 실망할 것입니다. 단순하고 건전한 아이를 겉멋이 든 존재로 바꿔 놓았기 때문에, 아이는 (부인만 아니었다면) 전혀 신경 쓰지 않았을 자신의 열등한 부분에 분개할 것입니다. 야유를 보내는 데서 얻는 소소한 즐거움, 크게 간섭받지 않겠다는 결심은 무분별한 계획을 멈추게 할 소중한 브레이크이고, 간섭하기 좋아하는 하급 관리들을 제어할 귀중한 억제책입니다. "내가 너보다 못한 게 뭐야"라고 외치는 시기심은 파시즘의 온상입니다. 부인은 지금 전자를 빼앗고 후자를 조장하려 하고 있습니다. 민주주의는 작은 사람들이 큰 사람들을 너무 대단하게 여기지 않을 것을 요구합니다. 그러나 자기가 크다고 생각하는 작은 사람들이 가득할 때 민주주의는 죽어 버립니다.

VII
꿈

The Spectator, 1944. 7. 28.

지금도 저는 (프로이트주의자들에게는 외람된 말씀이지만) 그 꿈을 꾼 것이 그날 낮에 연달아 벌어진 여러 성가신 일들 때문이라고 생각합니다.

그날은 L이 결혼한 누이에 대해 쓴 편지를 받으면서 시작이 좋지 않았습니다. L의 누이는 출산을 몇 달 앞두고 있습니다. 첫 출산이고 걱정이 좀 되는 나이입니다. 그런데 L에 따르면, 법—'법'이 그것을 가리키는 적당한 단어라면—의 규정은 그의 누이가 취직을 할 경우에만 가사 도움을 받을 수 있다는 것입니다. 그녀가 아이를 젖먹이고 돌보려면 가사의 부담을 짊어져야 하는데, 그럴 경우 집안일에 치여 정작 아이를 돌보지 못하게 되거나 그 과정에서 몸이 상할 수 있습니다. 반대로 가사 도움을 어느 정도 받으려면 취직을 해야 해서 아이에게 소홀할 수밖에 없는 상황이 됩니다.

저는 앉아서 L에게 편지를 썼습니다. 물론 누이의 사정은 정말 딱하지만 달리 뭘 기대할 수 있겠느냐고 지적했습니다. 우리는 생사가 달린 싸움 한복판에 있지 않느냐, [평시였다면] 자네 누이를 도와주었을 여성들은 전부 좀 더 필수적인 노동으로 전환된 상황이다. 거기까지 썼을 때 창밖의 소음이 너무 커져서 자리에서 벌떡 일어나 저는 무슨 소리인지 보러갔습니다.

공군여자보조부대*였습니다. 타이프라이터, 대걸레, 양동이, 냄비, 세척솔을 사용해서 일하는 부대가 아니라 시가행진을 하는 부대였습니다. 그 안에는 군악대가 있었고, 평시 정규군 군악대장의 익살스런 행동을 따라서 익힌 여성까지 있었습니다. 제 생각에 그것은 여성의 몸으로 할 수 있는 세상에서 가장 멋진 훈련은 아니었지만, 그녀가 그것을 아주 잘했다고 말해야 할 것 같습니다. 그녀가 그 훈련에 얼마나 큰 수고와 시간을 들였을지 알 수 있었습니다. 그런데 그 순간 전화벨이 울렸습니다.

W의 전화였습니다. W는 꼭 필요한 직군에서 장시간 노동하는 사람입니다. 그의 여가 시간이 워낙 부족하고 제대로 즐기며 살지도 못하다 보니 그와 약속을 잡을 때는 결코 어겨선 안 된다는 신성함마저 느낍니다. 그래서 저는 언제부터인지 기억도 못할 만큼 오랫동안 매달 첫 번째 수요일에 그와 저녁 시간을 함께 했습니다. 그 약속은 메디아와 페르시아의 변개치 못할 법과도 같았습니다. 그런데 그가 전화로 이번 수요일에는 올 수 없다고 말하지 뭡니까? 그는 국토 방위군Home Guard의 일원인데, 그의 소대가 수요일 저녁에 (그날의 하루 일

* W. A. A. F., Women's Auxiliary Air Force.

과를 모두 마친 후) 완보 행진 훈련 소집을 받았다고 했습니다. "금요일은 어떤가?" 제가 물었습니다. 안 된다고 했습니다. 금요일에는 행진에 참여해 유럽 상황에 대한 강연을 의무적으로 들어야 한다더군요. 제가 말했습니다. "적어도 일요일 저녁에 교회에서는 볼 수 있겠지." 천만의 말씀이었습니다. 그의 소대—제가 알기로 W는 소대 내의 유일한 그리스도인입니다—는 3킬로미터 정도 떨어진 다른 교회로 행군해 간다고 했습니다. W가 교리적으로 강하게 반대하는 교회였습니다. 저는 화가 나서 이렇게 물었습니다. "하지만 이보게, 이 모든 바보 같은 짓이 자네가 처음에 구舊 향토 의용군*에 합류한 목적과 도대체 무슨 상관이 있나?" 하지만 W는 이미 전화를 끊은 후였습니다.

최후의 결정타는 그날 저녁 교수 휴게실에서 일어났습니다. 영향력 있는 사람이 그곳에 있었는데, 저는 그가 이렇게 말하는 것을 들었다고 거의 확신합니다. "물론 우리는 전쟁이 끝나도 모종의 징집제를 유지할 것입니다. 하지만 전투 복무와 꼭 관련이 있진 않을 것입니다." 그 얘기를 듣고 난 후 저는 자리에서 빠져나와 침실로 와서 잠들었고 꿈을 꾸었습니다.

꿈에서 많은 사람들이 배를 한 척 구입하였고 여러 승무원과 선

* L. D. V., Local Defense Volunteers. 1940년 5월에 17-65세 사이의 남자들을 대상으로 조직되었다. 조직 목적은 독일군 공수부대원들을 상대하는 것이었다. 명칭은 1940년 12월에 국토 방위군으로 바뀌었고, 징집은 1941년에 시작되었다. (57쪽의 '블림프 공포증' 각주도 보라.)

장을 고용하여 바다로 나갔습니다. 우리는 그 배를 '스테이트호'라고 불렀습니다. 그런데 큰 폭풍이 일어났고 배가 심하게 흔들리기 시작했으며, 마침내 이런 외침이 들려왔습니다. "모두 물 퍼내는 일을 거드시오! 선주들을 포함해서 전부!" 우리는 지각 있는 사람들이었기에 그 외침을 무시할 수 없었습니다. 그 말을 글로 쓰는 데 드는 시간도 채 안 걸려 모두가 밖으로 나왔고 펌프 앞에서 소규모 작업반으로 편성되었습니다. 몇 명이 임시 하급선원으로 임명되어 우리에게 할 일을 가르치고 그 일을 계속하게 하는 임무를 맡았습니다. 꿈에서 저는 처음부터 이 임시 선원들 중 몇몇의 외양에 크게 개의치 않았습니다. 배가 언제 가라앉을지 모르는 순간에 누가 그런 사소한 것에 주목하겠습니까? 그리고 우리는 펌프에서 밤낮으로 일했는데, 그것은 대단히 고된 작업이었습니다. 하나님의 은혜로 우리 배는 가라앉지 않고 계속 앞으로 나아갔고 결국 오래지 않아 날씨가 좋아졌습니다.

우리 중 누구도 펌프조가 금세 해산될 거라고 기대하지는 않았습니다. 폭풍이 실제로 끝나지 않았을 수도 있고 무엇에든 대비하는 것이 좋다는 것을 알고 있었으니까요. 우리는 행진이 전혀 줄지 않는 것을 발견하고도 불평조차 하지 않았습니다(또는 그렇게 많이 불평하지는 않았습니다). 우리가 상심한 이유는 하급선원들이 이제 우리에게 행진을 시키면서 이런저런 일들을 하기 시작했다는 것이었습니다. 그들은 펌프질이나 밧줄 다루는 법, 또는 그들과 우리의 목숨을 구하는 데 도움이 될 만한 것을 하나도 가르치지 않았습니다. 더 배워야 할 것이 없거나, 배워야 할 게 없다는 사실을 하급선원들이 모르는 게 분명했습니다. 그들은 우리에게 조선造船의 역사, 인어의 습관, 혼파이프[1] 추는 법, 양철 피리 부는 법, 답배 씹는 법 같은 것을 가르치기 시작했습니다. 그 무렵 임시 하급선원들은(진짜 선원들은 비웃었지만) 항해 전문가가 다 되어서 입만 열면 "빌어먹을Shiver my timbers"이나 "그쳐Avast"나 "중지Belay"라고 내뱉었습니다.

그러던 어느 날 꿈속에서 그중 한 사람이 비밀을 누설했습니다. 우리는 그가 이렇게 말하는 것을 들었습니다. "당연히 우리는 모든 의무 작업반을 항해 끝까지 유지할 거요. 하지만 펌프 작업과는 별 상관이 없을 거요. 당연하지. 빌어먹을, 또 다른 폭풍이 없을 거라는 건 우리도 알아요. 아시겠어요? 하지만 이 풋내기들을 일단 장악했으니, 다시 풀어 주지 않을 거요. 지금이야말로 우리가 이 배를 원하는 대로 요리할 기회거든."

그러나 임시 하급선원들은 실망할 수밖에 없었습니다. 선주들(아시겠지만, 그들은 꿈속의 '우리'였습니다)이 이렇게 대답했거든요. "뭐? 우리 자유의 대가로 안전을 얻는 것이 아니라고? 아니, 우리는 오로지 안전을 위해 자유를 양도했던 거잖아." 그때 누군가가 외쳤습니다.

1) hornpipe, 16세기부터 영국 선원들 사이에서 유행한 4분의 4박자의 춤.

"육지다!" 그러자 선주들은 합심하여 모든 임시 하급선원들의 목덜미와 바짓가랑이를 움켜쥐고 전부 뱃전 너머로 던져 버렸습니다. 깨어 있을 때라면 저는 그런 행동을 절대 인정하지 않았을 것입니다. 그러나 애석하게도 꿈꾸는 정신은 부도덕하고, 꿈속에서 저는 남의 사생활에 관여하고 이래라저래라 간섭하는 그들이 깊고 푸른 바닷물로 풍덩풍덩 빠지는 것을 보면서 웃음밖에 나오지 않았습니다.

그리고 그 벌로 웃음소리에 잠이 깨고 말았습니다.

VIII
블림프 공포증

Time And Tide, 1944. 9. 9.

양차 대전 중간기 영국인들의 기분을 가장 잘 표현해 주는 것이 무엇이냐고 묻는다면 미래의 역사가는 주저 없이 이렇게 대답할 것 같습니다. "블림프 대령."* 어떤 대중적인 만화 작가도 진공 상태에서 작업할 수는 없습니다. 영국이라는 나라가 특정한 마음 상태에 있었기에 당시 로우 씨가 내놓았던 풍자를 받아들일 수 있었던 것입니다. 그리고 그것이 어떤 마음 상태였는지 우리 모두 기억합니다. 그리고 그 마음 상태가 어떤 결과로 이어졌는지도 기억합니다. 그것은 뮌헨 회담[1]으로 이어졌고, 이후 됭케르크 철수[2]로 귀결되었습니다. 우리

* David Low, 1891-1963. 1926년부터 1949년까지 〈이브닝 스탠더드〉에 실은 만화로 큰 호평을 얻었다. 그의 가장 유명한 창작물인 '블림프 대령Colonel Blimp'은 자가당착적 격언을 늘어놓는 뚱뚱한 대머리 노인이다. 그는 생각이 혼란스럽고 현실에 안주하는 반동자를 의미하게 되었다.

1) 1938년 9월에 뮌헨에서 열린 독일·이탈리아·영국·프랑스의 정상 회담. 영국의 체임벌린 수상을 위시한 3국은 전쟁을 피하기 위해 독일의 체코슬로바키아 주데텐 지방 합병을 승인하였다. 독일에게 전략에 유리한 발판을 마련해 준 이 회담은 제2차 세계대전 전에 있었던 대對독일 유화정책의 정점이다.

2) 제2차 세계대전 초기인 1940년 5월 26일부터 6월 4일까지, 독일군에 포위된 유럽 파견 영국군 22만 6,000명과 프랑스·벨기에 연합군 11만 2,000명이 최소의 희생으로 프랑스 북부해안에서 영국 본토까지 철수를 감행한 작전.

는 로우 씨를(체임벌린 씨나 심지어 볼드윈 경[3]까지도) 우리 자신보다 더 나무라서는 안 될 것입니다. 극소수의 예외를 제외하면 우리 모두 책임이 있고, 모두가 어느 정도 대가를 치렀습니다.

이 마음 상태에 대해서는 많은 원인을 제시할 수 있을 것입니다. 그러나 이 자리에서 저는 간과하기 쉬운 한 가지 구체적 원인에 주의를 기울이고자 합니다. 전 국민이 블림프 공포증에 시달린 일은 한 가지 사실이 없었다면 불가능했을 것입니다. 지난 전쟁에서 복무했던 열 명 중 일곱 명은 전쟁 후 독일인들보다 정규군을 더 많이 미워하게 되었다는 사실입니다. 고급장교, 부관, 선임하사, 간호장교, 수간호사를 향한 확고한 혐오에 비하면 독일인에 대한 반감은 참으로 가볍고 간헐적인 것이었습니다! (증오에 대해서나 군대에 대해서) 더 많이 알고 있는 지금, 제대할 당시 저의 마음 상태를 돌아보면 경악하게 됩니다. 저는 고급장교와 헌병을 인간 가족 바깥에 있는 존재로 여겼던 것 같습니다.

그러나 저의 생각은 완전히 틀렸습니다. 지난 전쟁에 참여한 사람들에게 군대가 남긴 인상은 군대 탓이 아닐 수도 있습니다. 저의 현재 목적은 정의의 문제를 해결하려는 것이 아니라 한 가지 위험에

3) Stanley Baldwin, 1867-1947. 뮌헨회담 당시 영국 수상이던 아서 체임벌린의 전임자. 독일과 이탈리아에 유화정책을 펼쳤다.

관심을 갖게 하려는 것입니다. 우리는 지난 20년의 경험을 통해 겁먹고 성난 평화주의가 전쟁으로 이어지는 길 중 하나임을 알게 되었습니다. 저는 지금 전쟁으로 우리에게 힘을 행사하게 된 이들을 향한 증오가 겁먹고 성난 평화주의로 가는 길 중 하나라는 사실을 지적하고 있습니다. 그러므로Ergo—이것은 단순한 삼단 논법입니다—이 증오에는 전쟁의 조짐이 가득합니다. 블림프 공포증으로 몸부림치는 나라는 전쟁을 막기 위해 필요한 예방책을 취하기를 거부할 테고, 그로 인해 적국의 공격을 부추길 것입니다.

지금 이 나라의 위험은 국민의 주인이 늘어났다는 것입니다. 지금은 고급장교와 헌병에 그치지 않고, 향토 의용군과 국토 방위군 등에도 우리의 주인들이 있습니다. 그들에 대한 매서운 적개심까지는 아니더라도 두려움의 조짐이 이미 퍼지고 있습니다. 그들이 물러나도 될 순간에 완전히 물러나지 않으면 어쩌나 하는 두려움 말입니다. 그리고 여기에 우리가 주목해야 할 점이 있습니다. 어떤 이유로든 동료 시민들을 필요 이상으로 오래 관리하고 싶어 하는 이들은 분명 안보를 핑곗거리로 삼을 것입니다. 그러나 저는 이 모든 주인들이 빠른 시일 내에 사라지는 것이야말로 안보의 요구 사항이라는 점을 밝힙니다.

그들이 권력을 너무 오래 쥐고 있거나 남용한다면, 피털루* 시대 이래로 동포들의 미움을 그 누구보다 많이 사게 될 것입니다. 그리고 로우 씨(또는 그의 뒤를 이을 누군가)가 우리의 정신에 지워지지 않는 이

미지를 새길 것입니다. 물론 그때에는 미움의 대상이 블림프 대령은 아닐 것입니다. 아마도 그는 메어즈 네스트[4]씨가 되겠지요. 제 생각에 그는 은퇴한 사업가일 테고, 동네에서 제일 별 볼 일 없는 사람일 겁니다. 머리가 안 돌아가고 시간이 주체할 수 없이 많고 인생이 지루한 사람이지요. 만화는 거의 저절로 그려질 겁니다. 독자는 메어즈 네스트 씨가 국토 방위군 같은 데서 승승장구하는 것을 봅니다. 보다 지적인 이웃 사람들에게는 끝없고 쓸모없는 행진이 말도 못할 고역이지만, 메어즈 네스트에게는 하늘이 내린 선물입니다. 뭔가 할 일, 자부심을 가질 만한 일이 생긴 것이니까요. 독자는 그가 진짜 군대에서라면 어떤 장교에게도 허락되지 않을 일을 하는 모습을 보게 됩니다. 겨울철에 혼자서만 방한 코트를 입고 얇은 옷을 걸친 사람들에게 행진을 시키거나 전시에 제식훈련을 시키는 것입니다. 그리고 그가 신권 정치를 향한 불길한 성향을 갖게 되는 것과 자신은 교리문답을 거의 모르면서도 교회 행진을 좋아하게 되는 것을 봅니다.

터무니없이 잘못된 그림이라고 말씀하시겠습니까? 정말 그렇기를 전심으로 바랍니다. 그러나 우리 주인들의 권한이 필요 이상으로

* 피털루는 1819년 8월 16일, 기병대와 자영농들이 맨체스터 세인트피터광장에서 열린 맨체스터 항의집회를 공격한 사건에(풍자적으로 워털루에 빗대어) 붙인 이름이다. 이 공격으로 열한 명이 죽고 600명 정도가 부상을 당했다.

4) Mares-Neste. 이 이름은 '대단한 것인 줄 알았던 시시한 발견' 또는 '혼란 상태'를 뜻하는 'mare's nest'라는 표현과 발음이 같다.

길어지거나 그 권한을 조금이라도 남용한다면, 자유인들의 이 나라는 이 그림을 사실로 받아들이게 되는 마음 상태로 금세 빠져들 것입니다. 그러면 큰일이 날 것입니다. 국가 안보를 위한 실질적이고 필요한 모든 조치가 메어즈 네스트의 오명과 함께 "병들어 버릴" 것입니다. 분개한 국민들은 결국 그를 몰아내고 모든 병역의무 계획까지 성급하게 거절할 것입니다. 먹기 고약하지만 정말 필요한 약을 누군가가 못 먹게 만들 가장 확실한 방법은 그가 쓸모없다고 여기는 먹기 고약한 약을 매일 주는 것입니다.

문명의 미래는 "평시에도 무장을 유지하도록 민주국가를 설득할 수 있는가?"라는 질문에 대한 답변에 달려 있습니다. 이 질문에 대한 답이 "그럴 수 없다"라면, 민주국가는 결국 파괴되고 말 것입니다. 그런데 여기서 "무장을 유지한다"라는 말은 "무장을 효과적으로 유지한다"라는 뜻입니다. 강한 해군, 강한 공군, 적정한 육군이 필수적입니다. 징집 없이 그런 군대를 만들 수 없다면 징집을 감내해야 합니다. 우리는 국가의 존립을 위해서 그만한 자유의 상실은 감내할 준비가 되어 있습니다. 그러나 그보다 못한 것 때문에 자유의 상실을 감수할 수는 없습니다. 진짜 군대가 아니라 메어즈 네스트들이 장교 노릇을 하는 영구적 국토 방위군 같은 터무니없고 (홀로는) 쓸모도 없는 모조품을 가지고 우리의 자유를 계속 간섭하는 일은 결코 참을 수 없습니다. 값을 지불한다면 상품을 꼭 받아야 합니다. 상품을 받지 못하는데도 우리가 값을 계속 지불할 거라고 생각한다면 오산입니다. 이것이 현재 우리의 입장입니다. 그리고 메이즈 네스트 씨가 너무 오래 주인 노릇을 하게 되면, 강제라는 단어 자체가 지긋지긋해지고 경멸스러워져서 진짜 상품에 값을 지불할 마음마저 사라지게 될 위험이 있습니다. 악화가 양화를 구축합니다Bad money drives out good. 거드름 피우는 하급 관리는 유익한 권위의 신빙성을 떨어뜨립니다. 영구적(또는 장기화된) 국토 방위군은 우리를 광분한 반관료주의로 몰아갈 것이고, 그런 광분은 우리를 총체적 무장해제로 몰아갈 것이며, 무장 해제는 3차대전으로 이어질 것입니다.*

* 1940년 5월 14일, 전쟁국 장관 앤서니 이든은 17세에서 65세 사이의 모든 남자들에게 향토 의용군이라고 알려지게 되는 조직에 등록할 것을 호소하는 방송을 했다. 향토 의용군의 주된 목적은 독일 공수부대의 위협에 대처하는 것이었는데, 한 달 만에 이 새로운 부대에 150만 명이 모였다. 1940년 7월에 윈스턴 처칠 수상은 향토 의용군의 명칭을 국토 방위군으로 바꾸고 1941년에 징병제를 시작했다. 루이스는 그 해 12월부터 국토 방위군으로 복무했다. 많은 사람들이 저녁의 행군과 긁어모을 수 있는 모든 무기—엽총, 골프채, 막대기—로 이루어지는 훈련을 좋아했다. 그리고 때때로 독일군을 잡겠다는 열정이 넘쳐 야간에 밖에 있는 모든 사람의 신원을 확인하는 지경에 이르렀다. 그 결과, 많은 시민들이 독일군보다 국토 방위군이 더 무섭다고 주장하게 되었다. 1944년 12월 3일에 국토 방위군이 '소집 해제'를 받자 루이스는 크게 안도했다. 그날 하이드파크에서 국토 방위군 대표 부대들이 사열식을 했고 조지 6세가 답례를 했다. 그날 저녁 국왕은 '한결같은 헌신'을 보여 준 국토 방위군에게 영국의 감사를 전하는 방송을 했다.

IX
병사 베이츠

The Spectator, 1944. 12. 29.

극중 인물을 작품의 배경에서 끌어내어 마치 실제 인물인 것처럼 그들의 전기를 쓰는 버릇은 평론가로서 제가 권할 만한 것이 아닙니다. 그러나 지금 《헨리 5세》에서 한 등장인물을 뽑아낼 만한 특별한 이유—문학적 이유는 아닙니다—가 있습니다. 바로 병사 베이츠입니다.

우선 병사 베이츠는 영웅적 기질과 현란한 언변을 갖춘 국가 지도자의 지휘 아래 복무하는 행운을 현대의 군인과 공유했습니다. 셰익스피어의 헨리는 지금 영국의 수상*만큼이나 사람들을 분발하게 하는 정치 지도자였습니다. 그의 '격려 연설'은 셰익스피어가 만들어낼 수 있는 최고의 것이었지요. 더할 나위 없는 최고의 격려 연설이었다는 뜻입니다. 현대의 군인이 그보다 나은 격려 연설을 듣기는 대체로 기대하기 어려울 겁니다.

셰익스피어는 헨리의 눈부신 선전宣傳이 존 베이츠에게 어떤 영향

* 윈스턴 처칠.

을 끼쳤는지 아주 분명하게 드러냅니다. 아쟁쿠르 전투 전날 밤, 베이츠는 왕이 지금 있는 곳 이외의 다른 곳에 있기를 원하지 않는다는 말을 들었습니다. 베이츠는 그 소식에 전혀 감동하지 않았습니다. (비속어) 추운 밤이었지만, 그는 (비속어) 왕이 아쟁쿠르 전선에서 빈둥거리는 것보다는 템즈 강물에서 목까지 몸을 담그고 싶어 할 거라는 데 돈이라도 걸겠다고 응수했습니다. 그리고 이런 취지의 말을 덧붙였습니다. 만약 왕께서 정말 아쟁쿠르 전선에서 빈둥거리는 것을 좋아하신다면, 사병 베이츠는 왕께서 전선에 홀로 남아 좋아하는 일을 하시고 분별 있는 놈들은 집에 보내 주시기를 진심으로 바란다고 말입니다. 그날 베이츠는 왕의 "명분이 정당하고 싸움의 이유가 명예롭다"*는 말도 들었습니다. 현대어로 표현하면, 우리는 야만에 맞서 문명을 지키기 위해 싸우고 세상이 민주주의를 펼치기에 안전한 곳으로 만들고자 싸운다는 것입니다.

너무 "짜증스러운 나머지" 그때까지 발만 구르며 멀뚱멀뚱 쳐다만 보던 다른 사병 윌리엄스가 바로 이 시점에서 끼어들었습니다. 제가 볼 때 엘리자베스 시대의 "말씀은 그러하오나 글쎄올시다Sez you" 나 "아, 그러셔Oh yeah"에 해당하는 말로 말입니다. 그가 실제로 한 말은 "그것까지는 우리가 모르는 일이고"**입니다. "맞아요." 베이츠가

* Henry V, 4막 1장 134-135행.

으르렁거리듯 말한 뒤, 어쨌건 그것은 그들이 (비속어) 알 바 아니라고 덧붙였습니다. 그들은 (비속어) 명령에 복종해야 했고, 전쟁의 옳고 그름을 가르는 것은 왕의 장례식이었습니다. "왕이 목숨을 부지하는 것으로 충분하지"라고 병사 윌리엄스가 말했습니다. 이후 대화는 전후 정책과 전투원에게 한 약속의 '시행'으로 흘러갔습니다. 왕은 자신이 적에게 잡혀도 몸값을 내지 않을 거라고 약속한 터였습니다. "그래, 약속했지." 윌리엄스가 시큰둥하게 말했습니다. "그러나 우리 목이 잘린 뒤에 왕이 몸값을 내더라도 그 (비속어)에 대해 우리는 알 수 없겠지. 약속하면 뭐해!" 이런 반응에 그 자리에서 정부의 격려 연설을 진지하게 받아들이던 유일한 사람이 격분했고 말다툼이 일어났습니다. 그러나 베이츠는 격려 연설을 옹호하지 않습니다. 그는 지쳐서 이렇게 말했습니다. "이 지독한 바보들. 싸울 상대는 프랑스인들만으로 충분하지 않나? 우리끼리 이러는 건 바보 같은 짓이야."

그 자리에 코트라는 이름의 또 다른 병사가 같이 있었다는 사실을 언급하지 않고 화제를 돌린다면 유감스러울 겁니다. 그는 아무 말도 하지 않았습니다. 아무 말도 하지 않는 바로 그 목적을 위해 그는 그 자리에 있습니다. 그 침묵의 인물이 없었다면 최전선에서의 대화는 완전하지 않았을 것입니다. 그는 아무 말도 하지 않습니다. 자신

** Henry V, 4막 1장 136행. 'That's more than we know.'

이 무슨 말을 하더라도 아무 소용이 없음을 압니다. 여러 해 전, 전쟁 초기에 환상이 산산조각 나면서 그는 이러니저러니 말하지 않게 되었습니다. 환상이 부서진 시기는 첫 번째 휴가 약속이 깨졌을 때일 수도 있고, 프랑스 군대의 상태가 자신이 듣고 기대했던 모습과 상당히 다름을 알게 되었을 때일 수도 있습니다. 또 황급한 후퇴 길에 자신들이 전진하고 있다는 신문을 우연히 발견했을 때일 수도 있습니다.

우리가 헨리 5세 시대의 영국 군인에 대해 잘 모르는 것처럼, 셰익스피어도 그랬습니다(아마 우리보다 더 몰랐을 것입니다). 그러나 그는 엘리자베스 시대의 군인은 알았습니다. 최전선에서의 대화는 최근에 많은 사람들을 동요하게 만들었던 질문, '군인은 무슨 생각을 하는가?'에 대한 그의 답변을 제시합니다. 아르마다[1] 격퇴 이후 엘리자베스 여왕이 다스리던 '광활한' 시절의 답변은 군인은 지도자들이 말하는 모든 내용을 '헛소리'로 여긴다는 것이었습니다. 셰익스피어가 그린 내용에 따르면, 제가 글을 쓰는 이 잡지[2]가 현대 군인의 회의주의나 '냉소주의'에 대해 최근에 다룬 모든 내용은 엘리자베스 시대의 군인에게도 해당합니다. 그리고 셰익스피어는 그로 인해 특별히

1) 1588년에 에스파냐 왕 펠리페 2세가 영국 공격을 위해 편성한 대함대. 영국 해협을 항해하던 중, 영국 해군의 습격을 받아 패하였다.
2) 〈스펙테이터〉.

동요하지 않는 것 같습니다. 최전선의 대화는 풍자극이 아니라 '유명한 승리'를 다룬 영웅적이고 애국적인 희곡에 등장하는 장면입니다.

셰익스피어의 작품이 제시하는 증거에 따르면, '군인은 무슨 생각을 하는가?'를 알게 되어 현재 우리가 느끼는 불안은 군인의 사기가 일시적으로 저하한 데서 나온 결과가 아니고, 그 생각을 전해 준 목격자들이 악의가 있거나 무능해서 잘못 전달한 것은 더더욱 아닙니다. 그저 전쟁의 격변으로 인해 보다 교육을 받은(그래서 잘 믿는) 계급의 일원들이 이 나라의 아주 많은 사람들이 어떤 이들이고 늘 어떤 이들이었는지 가까이서 볼 수 있게, 아니 볼 수밖에 없게 되었다는 사실에 그 원인이 있습니다. 그들은 자신들이 보는 상황이 예상했던 것과 너무나 달라 충격을 받습니다. 그러나 그 내용 자체가 아주 끔찍하지는 않습니다. 그것은 예상보다 좋은 것일 수도 있고 나쁜 것일 수도 있습니다.

지난 몇 년 간 저는 군인들로 가득한 삼등 객차(혹은 통로)에서 아주 많은 시간을 보냈습니다. 그때 저도 어느 정도 비슷한 충격을 받았습니다. 저는 객차 안의 거의 모든 군인이 독일군이 폴란드에서 저지른 잔혹 행위들을 다룬 신문의 보도를 주저 없이 믿지 않는 것을 보았습니다. 그들은 그 문제가 논의할 가치도 없다고 생각했습니다. '선전Propaganda'이라는 한 단어를 툭 던지고 넘어갔지요. 제게 이것은 놀라운 일이 아니었습니다. 제게 충격을 준 것은 그들이 전혀 분개하지 않았다는 사실이었습니다. 그들은 국가의 통치자들이 제가 모든 행동 중에서 가장 사악하다고 생각하는 행동—일어난 적이 없는 잔혹 행위에 대해 거짓말을 함으로써 미래의 잔혹 행위의 씨를 뿌리는 일—을 하고 있다고 믿습니다. 그러나 분노하지는 않습니다. 그들에게 그것은 능히 예상할 수 있는 절차인 것 같습니다.

저는 이것이 낙심천만한 일이라고 생각합니다. 그러나 전체 그림은 낙심천만하지 않습니다. 전체 상황은 우리 믿음의 전면적 개정을 요구합니다. 우리는 대중을 마음대로 쥐고 흔들 수 있다는 오만한 생각을 버려야 합니다. 제가 이해하는 바로는, 신발의 짝이 바뀌었습니다. 신문에 진짜 속아 넘어가는 사람들은 지식계급뿐입니다. 사설과 머리기사를 읽는 계층은 그들입니다. 가난한 사람들은 스포츠 뉴스를 읽는데, 스포츠 뉴스는 대체로 사실입니다. 어떤 견해를 가졌는가에 따라 이 상황이 마음에 들 수도 있고 아닐 수도 있습니다. 사회를 계획하는 사람 또는 단결된 열광적 지지자들로 이루어진 나라에서 가능한 만병통치적 해법을 내세우는 사람에게는 이런 상황이 분명 힘들 것입니다. 그런 이들이 모는 배는 영국 국민의 오래되고, 썩 호의적이지 않고, 어느 정도는 나태하고, 전적으로 아이러니한 불신의 태도라는 암초에 걸려 난파할 것입니다. 사회 계획자가 아니라면 이 요지부동의 회의주의와 유머 감각, 환멸에 빠진 인내(거의 무궁무진한 인내—"하나님의 무시무시한 인내와 얼마나 다른지!")가 국가의 삶의 토대로 그리 나쁘지 않다고 느낄 것입니다. 그러나 제 생각에 참된 결론은 따로 있습니다. 베이츠 병사 같은 수백만 명의 존재 앞에서 우리는 너무 큰 희망을 품어서는 안 되고 너무 두려워할 필요도 없다는 것입니다. 그런 사람들 덕분에 이 섬나라에서는 아주 나쁜 일도 아주 좋은 일도 벌어질 가능성이 아주 낮습니다. 그리고 결국, 그들은 아쟁쿠르에서 프랑스의 기사단을 무찔렀습니다.

X
쾌락론

Time And Tide, 1945. 6. 16.

어떤 즐거움들은 설명하는 것이 거의 불가능하고 묘사하기가 아주 어렵습니다. 저는 바로 얼마 전에 지하철로 패딩턴역에서 해로우역으로 가면서 그런 즐거움 하나를 경험했습니다. 여러분이 그 즐거움을 상상할 수 있게 만들 수 있을지 잘 모르겠지만, 이 일의 성공 여부는 제가 한때 '시골뜨기'였다는 사실을 처음부터 여러분에게 각인시킬 수 있는가에 달려 있습니다. 저는 지난 전쟁 중 런던의 어느 병원에서 보낸 짧은 기간을 제외하면 한 번도 런던에서 살아 본 적이 없습니다. 그 결과 런던을 잘 모를뿐더러 런던을 평범한 곳으로 여기는 법도 배우지 못했습니다. 런던에서 볼 일을 보고 돌아가는 길에 지하철을 타고 패딩턴역에 이른 다음, 다시 바깥의 햇볕을 마주할 때 계단을 따라 올라가면 나오는 호텔이 눈에 들어올지, 아니면 승강장 끝 부근 바깥의 전혀 다른 곳이 눈에 들어올지 전혀 알 수가 없습니다. 저에게는 '그 모든 것이 운'입니다. 저를 맞이하는 날씨가 안개든 비든 햇빛이든 감수해야 하듯, 어느 지점이 저를 맞이하더라도 감수해야 합니다.

그러나 런던에서 제게 가장 완전한 미지의 땅*terra incognita*은 교외입니다. 제게 스위스코티지Swiss Cottage나 마이다베일Maida Vale은 사마르칸트[1)]나 우르겐치[2)]까지는 아니라도 위니펙[3)]이나 토볼스크[4)]와 비슷한 느낌을 줍니다. 이것이 제가 누리는 즐거움의 첫 번째 요소입니다. 해로우역을 향해 떠나면서 저는 런던이지만 시골뜨기가 아는 런던과는 완전히 다른 신비로운 지역으로 마침내 들어가고 있었습니다. 거리와 버스에서 만난 모든 런던 사람들이 아침이면 빠져나왔다가 저녁에 모두 돌아가는 곳으로 말입니다. 런던 중심부는 '거주'라는 단어의 한 가지 깊은 의미로 볼 때 거의 '비거주' 지역이기 때문입니다. 사람들은 런던 중심부에 머물지만(호텔들이 있겠지요) 거기 사는 경우는 적습니다. 그곳은 무대입니다. 분장실, 배우 휴게실을 비롯한 '막후' 세계는 다른 곳에 있습니다. 저는 바로 그곳으로 가고 있었습니다.

제가 여기서 반어적으로 말하는 것이 아님을 독자에게 제대로 전하려면 공을 좀 들여야 할 것 같습니다. 런던 사람들에게는 너무나 평범한 온갖 '계곡vale'과 '숲woods', '공원parks'이 제 귀에는 일종의 주문처럼 들린다는 사실을 부디 믿어 주십시오. 교외에 산다는 사

1) Samarkand. 우즈베키스탄 제2의 도시. 중앙아시아의 고대 도시.
2) Orgunjé. 우즈베키스탄의 도시.
3) Winnipeg, 캐나다의 도시.
4) Tobolsk. 러시아의 도시.

실이 왜 우스운지, 왜 경멸의 대상이 되는지 이해할 수 없습니다. 저는 몇 년째 한 편의 시를 완성하려고 시도하다가 중단하기를 반복했지만 처음 두 행을 넘어가지 못했습니다(실은 그런 시가 아주 많습니다).

누가 서버비아[5]를 저주했나?

"나다." 수페르비아[6]가 말했다.

런던 사람이 저의 기분을 이해할 수 있는 방법은 한 가지 뿐입니다. 런던이 저에게 어떻게 보이는지 알고 런던 사람이 잠시 즐거워진다면, 그 즐거움—대상을 거꾸로 보는 즐거움 말입니다. 거꾸로 보는 일이 모든 거울의 마법을 만들어 냅니다—이 바로 제가 교외라는 단순한 개념에서 얻는 즐거움입니다. 교외를 생각하면 런던처럼 제게는 전혀 집 같지 않은 곳이 다른 사람들에게는 그냥 집이라는 생각이 떠오르니까요. 전체 패턴이 안팎으로 뒤집히고 위아래가 뒤집힙니다.

저의 여행이 시작된 시간은 이른 저녁이었습니다. 지상으로 나온 지하철에는 집으로 가는 사람들이 가득했지만 불편할 정도로 빽빽하지는 않았습니다. 제가 그들에 대해 어떤 환상도 가지지 않았다는

5) 도시 교외의 생활.
6) 교만.

점을 강조해야겠습니다. 그 이유는 조금 후에 아실 수 있습니다. 누군가가 제게 그들이 특별히 좋은 사람들이거나 특별히 행복하거나 특별히 똑똑하다고 생각하는지 물었다면 저는 더없이 진심으로 아니라고 대답했을 것입니다. 그들이 돌아가는 가정 중에서 단 하룻밤이라도 심술, 질투, 권태, 슬픔, 불안에서 자유로운 곳은 10퍼센트가 안 되리라는 것을 잘 알았습니다. 하지만 그 모든 대문의 철컹임과 현관문의 열림, 작은 현관들에서 풍기는 분석할 수 없는 집 냄새, 현관에 걸린 모든 모자들이 어렴풋이 떠오르는 선율의 어루만짐과 함께 제 상상 속으로 밀려왔습니다. 저는 그것을 피할 수가 없었습니다. 다른 사람들의 가정에는 비범한 매력이 있습니다. 모든 불 켜진 집은 길에서 들여다보면 마법 같습니다. 다른 사람의 정원에 있는 유모차나 잔디 깎는 기계, 낯선 부엌의 창에서 흘러나오는 온갖 음식 냄새나 요리하는 소리도 그렇습니다. 저는 다른 사람의 가정에 싸구려 냉소를 보내려는 것이 아닙니다. 제가 얻는 즐거움은 이번에도 거울의 즐거움입니다. 다른 사람의 내부를 외부자로서 보는 즐거움, 그리고 자신이 그렇게 하고 있음을 깨닫는 즐거움입니다. 가끔은 같은 놀이가 반대로 이루어지기도 합니다.

그 다음에 다른 것들이 다가옵니다. 기차가 저녁의 햇살을 뚫고 달려 나가는데도 여전히 깊은 도랑 속에 있는 것 같은 매력이 있었습니다. 진짜 기차처럼 땅 위를 항해하거나 진짜 지하철처럼 땅 아래에서 꿈틀대며 나아가는 게 아니라 땅에서 헤엄을 치는 것 같았습니다. 한 번도 들어 본 적 없는 역들에 설 때마다 갑작스레 침묵이 깃들었고, 그곳에서 기차는 아주 오랫동안 멈춰 있는 것 같았습니다. 군중도 인공조명도 없이 그런 차에 타고 있다는 사실이 신기했습니다. 하지만 이 모든 일들을 다 열거하려고 애쓸 필요는 없습니다. 요점은 이 일들이 저를 위한 행복을 층층이 쌓아 올렸다는 것인데, 저는 그 행복들을 가늠하지 않을 생각입니다. 저의 가늠을 듣고 독자는 과장이라고 생각할 테니까요.

아, '쌓아 올린다'는 잘못된 표현입니다. 사실 이 모든 일들은 제게 행복을 부과한 것이 아니라 제안했습니다. 저는 제안을 받아들이거나 거부할 선택의 자유가 있었습니다. 멀리서 들리는 음악이나 얼굴을 스치는 달콤하고 희미한 바람처럼 원하지 않으면 귀 기울일 필요가 없었고 쉽게 무시할 수 있었습니다. 저는 그 제안에 굴복하라는 초대를 받았습니다. 그리고 묘하게도, 제 안의 무엇인가가 그 초대를 거절하는 것이 '분별 있는' 일일 거라고 말했습니다. 그 무엇은 제가 목적지에서 그다지 즐기지 않는 일을 하게 되리라는 사실과 옥스퍼드로 되돌아가는 여행이 아주 피곤하리라는 사실을 기억하는 데 마음 쓰는 편이 낫다고 말하는 것 같았습니다. 그때 저는 내면의 잘난 체하는 존재를 조용히 시켰습니다. 그리고 초대를 수락했습니다. 그 솜털 같고 미묘하고 저릿저릿한 초대 앞에 제 자신을 활짝 열었습니다. 여행의 나머지 시간은 기쁨이라고 묘사할 수밖에 없는 상태 속에서 지나갔습니다.

제가 이 모든 일을 기록하는 이유는 저의 모험 그 자체에 다들 흥미가 있을 거라고 생각해서가 아니라, 이와 같은 종류의 일이 대부분의 사람들에게 일어날 거라고 보기 때문입니다. 우리가 살아가며 느끼는 삶의 실제적 질—순간순간 형성되는 의식의 날씨—과 우리가 종종 '진짜' 삶이라고 부르는 것의 연관성은 흔히 생각하는 것보다 훨씬 더 느슨하거나 거의 감지하기 어렵지 않습니까? 사실은 두 개의 삶이 존재하지 않습니까? 한쪽에는 (우리가 유명한 사람들이라면) 우리의 전기 작가들이 쓰게 될 모든 것, 우리가 흔히 행운과 불행이라 부르는 모든 것, 축하나 애도의 계기가 되는 모든 일이 있습니다. 그러나 밤에 기차의 유리창을 통해 보는 유령 칸처럼, 이 모든 일과 나란히 움직이고 끝까지 동반하는 무엇인가가 있습니다. 우리는 그것을 무시하는 선택을 내릴 수 있지만, 그것은 끊임없이 개입을 제안합니다. 말로는 결코 제대로 표현할 수 없고, (우리가 부주의하다면) 인식하지도 기억하지도 못했던 막대한 즐거움이 때때로 그 부분에서 우리에게 쏟아져 들어옵니다.

이런 식으로 모든 객관적 규칙에 따르면 더없이 비참해야 마땅한 순간에 때로 불합리한 행복이 찾아와 사람을 깜짝 놀라게 하는 일이 벌어집니다. 이것이 양날의 검과 같은 것 아니냐고 물을 수 있습니다. 그 두 번째 삶에서 오는 음침하고 흉측한 방문자들도 있지 않느냐, 모든 것이 소위 '잘되고' 있을 때 설명할 수 없는 먹구름이 끼기도 하지 않느냐고 말입니다. 그런 경우도 있다고 생각합니다. 그러나 솔직히 말하면, 제 경험상 그런 경우의 수는 훨씬 적었습니다. 분명한 원인 없이 비참한 경우보다는 행복한 경우가 훨씬 많습니다.

저 말고 다른 사람들도 이런 간헐적이고 뜻밖의 제안, 에덴으로 들어오라는 초대를 경험한다는 제 생각이 옳다면, 다른 사람들도 그런 제안이나 초대의 수락을 금지하는 내면의 잘난 체하는 존재, '간수Jailer'를 안다고 믿어도 될 것 같습니다. 이 간수는 온갖 수법을 갖추고 있습니다. 염려할 법한 상황에서 염려하지 않는 우리 모습을 발견하면, 염려하기 시작함으로써 위험을 피할 '뭔가를 할' 수 있다고 우리를 설득하려 합니다. 잘 살펴보면 그것은 십중팔구 허튼소리로 드러납니다. 어떤 날에는 간수가 아주 도덕적이 되기도 합니다. 불행 속에서 행복을 느끼는 건 '이기적'이고 '자기만족적'이라고 말하지요. 그놈이 우리를 그렇게 비난하는 바로 그 순간, 우리는 우리 힘에 닿는 유일한 봉사를 하고 있을 수도 있지만, 놈에게 그런 건 문제가 되지 않는 것입니다. 그놈이 여러분 안에서 어떤 약점을 발견하면 여러분이 '사춘기 청소년'처럼 군다고 말할 텐데, 그럴 때면 저는 언제나 네놈은 지독한 중늙은이처럼 군다고 대답합니다.

그러나 그놈이 요즘 좋아하는 전략은 혼란을 불러오는 것입니다. 우리가 틈을 주면 그놈은 다른 사람들의 가정을 생각하며 우리가 얻은 즐거움이 환상에 근거하는 것인 양 가장할 것입니다. 그런 집들 중 아무 곳에나 들어가 보면 온갖 종류의 치부를 발견할 것이라고 놈은 장황하게 지적할 것입니다. 그러나 그놈은 우리 생각을 혼란스럽게 만들고 있을 뿐입니다. 그 즐거움에는 어떤 환상도 포함되지 않고, 포함될 필요도 없습니다. 멀리 떨어진 언덕은 푸르게 보입니다. 그 특정한 아름다움이 언덕 가까이 다가가면 사라진다는 사실을 발견한 후에도 그 언덕들은 멀리서 여전히 푸르게 보입니다. 그 언덕이 15마일 떨어진 곳에서 푸르게 보인다는 사실은 다른 어떤 것 못지않은 분명한 사실입니다. 현실주의자가 되려면 모든 면에서 현실주의를 갖춥시다. 사십대의 어떤 사람이 어떤 갑작스러운 냄새를 맡거나 소리를 듣고 떠올리는 소년 시절의 장면들이 (사십대의) 그에게 벅찬 즐거움을 안겨 준다는 것은 확실하고 엄연한 사실입니다. 전자와 후자 모두 분명한 사실입니다. 어떤 것도 제가 열네 살 나이로 돌아가게 해주지는 못할 겁니다. 그러나 과거의 일부가 때때로 제게 돌아오는 강렬한 프루스트적, 또는 워즈워스적 순간들을 제가 포기하게 만들 만한 것도 없을 겁니다.

우리는 쾌락주의Hedonism—즐거움이 유일한 선이라고 말하는 우울한 철학—를 이미 충분히 겪었습니다. 그러나 쾌락설Hedonics이라고 부를 만한, 즐거움의 과학 또는 철학은 제대로 시작도 못했습니다. 저는 쾌락설의 첫걸음이 간수를 쓰러뜨리고 이후로 열쇠를 우리가 차지하는 것이라 말하고 싶습니다. 그놈은 우리의 정신을 삼십 년 정도 지배했는데, 문학과 문학 비평 분야에서 지배력이 특히 컸습니다. 그놈은 가짜 리얼리스트입니다. 놈은 모든 신화와 판타지와 로맨스를 소망적 사고라고 비난합니다. 놈의 입을 다물게 할 방법은 놈보다 더한

리얼리스트가 되는 것입니다. 매순간 실제적으로 우리를 관통해 흘러가는 생명의 속삭임에 더 바싹 귀를 기울이고, 거기서 놈이 말하는 리얼리즘 문학에 누락된 온갖 떨림과 경이와 (어떤 의미에서) 무한을 발견하는 것입니다. 우리에게 삶의 경험과 가장 비슷한 것을 안겨주는 이야기가 반드시 전기나 신문이 다루는 사건들이 등장하는 이야기는 아니기 때문입니다.

XI
도덕군자 행세 이후에 무엇이?

The Spectator, 1945. 12. 7.

도덕군자 행세는 끔찍한 일이 분명하고, 그 양상이 도덕적일수록 더욱 끔찍합니다. 누군가가 가난하거나 못생겼거나 어리석다는 이유로 그 사람과 어울리는 것을 피하는 것은 나쁜 일일 겁니다. 그러나 상대가 악하다는 이유로 그와 어울리기를 피하는 것—(적어도 일부 측면에서는) 자신이 그보다 덜 악하다는 거의 불가피한 함의와 더불어—은 위험하고 역겨운 일로 취급됩니다. 우리는 전혀 힘들이지 않고 이 주제를 얼마든지 길게 풀어 나갈 수 있습니다. 우쭐해하는, 으스대는, 바리새적인, 빅토리아적 '바리새인과 세리 비유'……. 그야말로 술술 써집니다. 맹세코 펜을 제어하기가 어려울 정도입니다.

그러나 진짜 문제는 도덕군자 행세 대신 그 자리에 무엇을 놓을 것인가 입니다. 우리는 오래전에 개인적 악덕이 공공의 이익이 된다고 배웠습니다. 이것은 우리가 하나의 악덕을 제거하고 나서 그 자리에 미덕—동일한 공공의 이익을 낳을 미덕—을 두어야 함을 의미합니다. 도덕군자 행세를 잘라 낸 상태로 내버려 두는 것만으로는 충분하지 않을 것입니다.

제가 이런 생각을 하게 된 것은 종종 나누는 대화 때문이었습니다. 어떤 사람이 제게 최근에 한 신사와 점심 식사를 함께 했다고 말했습니다. 이 자리에서는 그 신사를 클레온이라고 부르겠습니다. 저의 정보원은 정직한 사람이고 선의를 가진 사람입니다. 반면 클레온은 사악한 저널리스트이고 시기, 증오, 의심, 혼란을 야기하도록 계산된 거짓말들을 돈 때문에 퍼뜨립니다. 적어도 저는 클레온이 그런 사람이라고 믿습니다. 저는 그가 거짓말하는 광경을 직접 목격하기도 했습니다. 그러나 이 글에서 제가 주장하려는 바에는 클레온에 대한 저의 판단이 정확한지 아닌지는 중요하지 않습니다. 요점은 저의 정직한 친구가 제 판단에 전폭적으로 동의했다는 것입니다. 그가 그 오찬회를 언급한 이유는 악취를 풍기는 클레온의 일상적인 거짓 이상의 것을 말하고 싶었기 때문이었습니다.

그런데 이것이 도덕군자 행세를 축출하고 난 뒤 우리가 처한 자리입니다. 제 친구는 클레온이 지옥에 어울리는 거짓의 사람이라고 생각하면서도 오찬 식탁을 사이에 두고 완전히 우호적인 관계로 그를 만납니다. 도덕군자연하거나 독선적인 사회에서 클레온의 사회적 지위는 매춘부와 같을 것입니다. 그와 어울리는 사람은 고객, 동료 직업인, 도덕적 사회사업가, 그리고 경찰 정도에 그칠 것입니다. 그리고 도덕군자연할 뿐 아니라 합리적이기도 한 사회에서는(그런 조합이 가능하다면) 그의 지위가 매춘부보다 훨씬 못할 것입니다. 그는 육체적 순결보다 더 귀한 보물인 지적 순결을 팔아 버린 자이기 때문입니다. 그는 자신의 고객에게 매춘부보다 더 저속한 쾌락을 주고, 더 위험한 질병을 옮깁니다. 하지만 우리 중 누구도 그와 함께 먹고 마시고 농담을 주고받고 악수하기를 주저하지 않습니다. 더더구나 그가 쓰는 기사를 읽지 않는 사람은 거의 없습니다.

우리의 사랑이 갑자기 커져서 이런 정중함이 생겼다고 주장하기는 어려울 것입니다. 우리는 탁발수사나 선교회의 성직자, 또는 구세군의 일원이 매춘부와 어울릴 법한 방식으로 클레온과 어울리는 것이 아닙니다. 그 악당을 향한 우리의 기독교적 사랑이 그의 악행에 대한 미움을 정복한 것이 아닙니다. 심지어 우리는 그 악당을 사랑하는 체하지도 않습니다. 저는 지금까지 누가 그에 대해 좋게 말하는 것을 한 번도 들어본 적이 없습니다. 그런데 우리는 그의 악행을 사랑하진 않지만, 참을성 있는 웃음이나 어깻짓으로 받아넘길 만하다고 여깁니다. 우리는 충격을 받을 줄 아는 귀중한 능력을 잃어버렸습니다. 지금까지 성인 남자와 여자를 짐승 또는 아이와 구분해 준 것이 바로 그 능력이었는데 말입니다. 한마디로 우리는 도덕군자 행세 위로 올라선 것이 아니라 그 아래로 가라앉았습니다.

그 결과 클레온에게 세상이 너무 쉬워졌습니다. 부정직의 보상과 정직의 보상 중 어느 하나를 골라야 하는 상황에서도 어떤 이들은 부정직을 선택할 것입니다. 그러나 클레온은 둘 다 가질 수 있음을 발견합니다. 그는 은밀한 권력이 주는 쾌감과 열등감이 계속 위무받는 달콤함을 다 누리는 동시에 정직한 사람들과 어울릴 수 있는 입장권도 갖고 있습니다. 이런 조건에서 클레온 같은 이들의 수가 늘어나는 것 외에 달리 무엇을 기대할 수 있겠습니까? 그리고 그로 인해 우리는 파멸할 것이 분명합니다. 이 나라가 민주국가로 남고 클레온 같은 이들이 건강한 여론 형성을 불가능하게 만든다면 그럴 수밖에 없습니다. 그런 일이 없기를 바라지만*absit omen* 전체주의적 위협이 현실화되면, 그들은 정부의 가장 잔인하고 가장 더러운 도구가 될 것입니다.

그러므로 저는 나머지 사람들이 클레온 같은 이들을 코번트리로 보내 버리는* 옛날의 '도덕군자연하는' 습관으로 정말 되돌아가야 한다고 주장하는 바입니다. 그리고 그렇게 하기 위해 독선적 도덕군자가 되어야만 한다고 생각하지 않습니다. 우리가 어떤 사람의 악덕 때문에 그를 냉대하면 우리는 그보다 나은 사람이라고 주장하고 있다는 비난을 받을 테고, 아마 다음 주면 클레온이 그 비난을 아주 잘 활용할 것입니다. 아주 끔찍한 비난입니다만, 저는 그것이 허깨비 공격에 불과하다는 생각이 듭니다.

제가 술 취한 친구를 거리에서 만나 집으로 데려다준다면 그 행위 그 자체가 제 정신이 멀쩡함을 암시한다고 말할 수 있습니다. 독자는 이것이 그 순간 그 한 가지 측면에서 제가 친구보다 '낫다'는 주장을 암시한다고 성토할지도 모르겠습니다. 원한다면 얼마든지 그렇

* 즉 그들과 어울리기를 거부하는

게 말할 수 있겠지만, 분명한 사실은 저는 똑바로 걸을 수 있는데 친구는 그렇지 못하다는 것입니다. 제가 전반적으로 그보다 나은 사람이라는 의미가 절대 아닙니다. 소송의 예를 들어볼까요. 소송을 벌일 때 저는 제가 옳고 상대방이 틀렸다고 말합니다. 특정한 우월성을 주장하는 것이지요. 그럴 때 상대방이 용기, 온화한 성질, 비이기적인 모습 등의 특성을 갖춘 사람이라고 제게 말하는 것은 요점을 완전히 벗어난 일입니다. 그는 정말 그런 사람일 수도 있습니다. 저는 그 사실을 부인한 적이 없습니다. 그러나 제가 소송을 통해 다루는 문제는 밭의 소유권이나 소가 끼친 손해에 대한 것입니다.

제가 볼 때 우리는 클레온에 대한 전반적 우월성을 전혀 주장하지 않으면서도 모든 클럽에서 그를 배척하고 그와 어울리는 것을 피하고 그의 신문을 불매할 수 있습니다(그리고 그래야 합니다). 우리는 그가 우리보다 나은 사람일 수 있다는 사실을 완벽하게 잘 압니다. 우리는 그가 어떤 단계를 거쳐 지금과 같은 존재가 되었는지, 더 나은 사람이 되기 위해 얼마나 치열한 싸움을 벌였는지 모릅니다. 어쩌면 물려받은 안 좋은 기질…… 인기 없던 학창시절…… 각종 콤플렉스…… 잠 못 이루는 밤마다 여전히 그를 괴롭히는 지난 전쟁의 수치스러운 전력…… 처참했던 결혼 생활이 있었는지도 모르지요. 누가 알겠습니까? 처음에는 강하고 진실한 정치적 확신이 있어서 자기편이 이겨야 한다는 강렬한 바람을 갖게 되었고, 선한 명분을 위해 거짓말을 해도 된다고 생각하게 되었으며, 그러다 거짓말이 서서히 그의 직업이 되었는지도 모릅니다. 우리가 클레온과 같은 처지였다면 그보다 훨씬 잘 해냈을 것이라는 말이 절대 아닙니다. 그러나 지금은, 어떤 경위로 그렇게 되었든 간에—'[영광을] 우리에게 돌리지 마옵소서 *non nobis*'라고 지붕이 들썩일 만큼 크게 노래합시다—그는 직업적 거짓말쟁이고 우리는 아닙니다. 우리에겐 그에게 없는 수백 가지 악덕이 있을 수 있습니다. 그러나 거짓말이라는 특정한 문제에 대해서만은, 굳이 그렇게 말해야 한다면, 우리는 그보다 '낫습니다'.

그리고 우리는 저지르지 않지만 그는 저지르는 바로 그 한 가지가 온 나라를 오염시키고 있습니다. 그 오염을 막는 것은 절실히 필요한 일입니다. 그것은 법률로 예방할 수 없습니다. 법률이 언론의 자유를 지나치게 억압하는 것을 우리가 원하지 않기 때문이기도 하고, 또 다른 이유도 있습니다. 클레온의 입을 다물게 하는 유일하게 안전한 길은 그의 신뢰성을 떨어뜨리는 것입니다. 법으로 할 수 없는 일—참으로 해서는 안 되는 일—을 여론으로 할 수 있습니다. 클레온 주위로 '방역선'을 구축할 수 있습니다. 클레온과 같은 사람들 외에는 누구도 그의 신문을 읽지 않고 그와 사회적으로 교류하지도 않는다면, 그의 사업은 곧 해롭지 않은 수준으로 줄어들 것입니다.

한때 거짓말하는 것을 목격했던 신문을 읽지 않는 일, 하물며 사지 않는 일은 아주 적당한 형태의 금욕주의로 보입니다. 하지만 그것을 실천하는 사람은 얼마나 적은지요! 저는 사람들이 클레온의 더러운 신문을 손에 들고 있는 모습을 거듭거듭 봅니다. 그들은 그가 악당이라는 사실을 인정하면서도 이렇게 말합니다. "사람은 시대를 따라가야 해, 무슨 말이 도는지 알아야 한다." 그러나 그것이 클레온이 자기 생각을 우리에게 전달하는 방법 중 하나입니다. 나쁜 사람들이 뭐라고 쓰는지 알아야 하기 때문에 그들의 신문을 구입하고 그로 인해 그들 신문의 존재를 가능하게 만든다면, 소위 악을 봐야 할 필요성이 바로 그 악을 보존하는 일임을 누가 보지 못하겠습니까? 일반적인 상황에서 악을 무시하는 것은 위험한 일일 수 있습니다. 하지만 무시당함으로써 소멸되는 악이라면 얘기가 다를 것입니다.

우리가 그것을 무시해도 다른 이들은 무시하지 않을 거라고요? 클레온의 독자들이 전부 제가 묘사한 것처럼 썩 내키지 않으면서도 그의 신문을 보는 정직한 사람들로만 구성된 것은 아닙니다. 그들 중에는 클레온 본인과 같은 진짜 악한들도 있습니다. 그들은 진실에 관심이 없습니다. 분명히 그렇습니다. 그러나 철두철미한 악한들의 수가 클레온의 사업을 유지시켜 줄 만큼 충분히 많은지는 확신하지 못하겠습니다. 지금은 '관용적' 시대이고 클레온은 악한들뿐 아니라 수천 명에 달하는 정직한 사람들의 지지와 동의도 받고 있습니다. 그와 그를 지지하는 악한들을 그들끼리 내버려 두는 실험을 시도해 볼 가치 정도는 있지 않을까요? 5년 정도 시도해 볼 수 있을 것입니다. 그를 5년간 따돌려 봅시다. 그 기간이 끝난 후에도 그가 여전히 맹위를 떨칠 것 같지는 않습니다. 그러니 오늘 당장 그의 신문 구독을 취소하는 건 어떻습니까?

XII
현대인의 사고 범주

우리는 언제나 그리스도와 그 성도들의 방법을 본받아야 마땅하지만, 이 패턴은 변화하는 역사의 조건에 맞게 변용되어야 합니다. 세례자 요한이 아람어로 설교했다고 해서 우리도 아람어로 설교해야 하는 것은 아니고, 주님이 식사하실 때 기대어 누우셨다고 우리도 기대어 누워서 식사해야 하는 것은 아닙니다. 그런데 가장 변용이 아주 어려운 것 중 하나는 회심하지 못한 이들에게 접근하는 방법입니다.

최초의 선교사들인 사도들은 세 부류의 사람들을 상대로 설교했습니다. 유대인들, 전문 용어로 메투엔테스[1]라 불렸던 유대교를 믿는 이방인들, 그리고 이교도들이었습니다. 이 세 부류 모두는 우리가 현대의 청중에게 기대할 수 없는 특정한 성향을 갖고 있었습니다. 세 부류 모두 초자연적인 것을 믿었습니다(에피쿠로스주의자들은 신들이 아무것도 안 한다고 생각했지만 신들의 존재는 믿었습니다). 모두 죄를 의

1) metuentes. 하나님을 경외하는 자들.

식했고 신의 심판을 두려워했습니다. 에피쿠로스주의가 그런 두려움으로부터의 해방을 약속한 것만 봐도 그 두려움이 널리 퍼져 있었음을 알 수 있습니다. 특허의약품은 널리 퍼진 질병을 치료할 수 있다고 주장함으로써만 성공할 수 있으니까요. 밀의종교mystery religions는 정화와 해방을 제시했습니다. 세 부류 모두에서 대부분의 사람들은 한때 세상이 당시보다 더 나았다고 믿었습니다. 이런 측면에서 볼 때 유대교의 타락 교리, 스토아학파의 황금시대 관념, 그리고 이교도들의 영웅, 조상, 고대 입법자들에 대한 공경은 어느 정도 서로 의견이 일치했습니다.

우리가 회심시키고자 노력해야 하는 세상은 이런 성향들을 하나도 공유하지 않습니다. 지난 백 년 사이에 여론은 근본적으로 달라졌습니다. 제가 볼 때는 다음의 원인들이 그런 변화를 만들어 내는 데 일조했던 것 같습니다.

(1) 최고 고등교육 계층의 교육 혁명. 이전에 유럽 전역의 최고 고등교육 계층은 고대 그리스·로마인들을 교육의 토대로 삼았습니다. 식자들만 플라톤주의자나 아리스토텔레스주의자였다면, 평범한 귀족은 베르길리우스나 최소한 호라티우스를 읽었습니다. 따라서 그리스도인과 회의론자 모두에게 이교주의의 비교적 괜찮은 요소들이 강하게 주입되었습니다. 신심이 없는 이들조차도 경건*pietàs*에 대해 어느 정도는 공감적으로 이해했습니다. 그렇게 훈련받은 사람들이 고대의 책에서 여전히 귀중한 진리를 찾을 수 있다고 믿은 것은 자연스

러운 일이었습니다. 그들에게 전통을 공경하는 일은 자연스러웠습니다. 현대 산업문명의 가치관과는 전혀 다른 생각이 그들의 머릿속에 끊임없이 자리했습니다. 기독교 신앙을 거부할 때조차 당대의 이상들을 판단하는 기준은 여전히 존재했습니다. 이 교육을 제거한 결과로 정신은 자신의 시대에 고립되었습니다. 공간적 '지역주의'에 해당하는 질병이 시간적으로 찾아온 것이지요. 사도 바울이 아주 오래전에 글을 썼다는 사실은, 현대인이 그가 중요한 진리를 말했을 가능성이 없다고 추정하게 하는 증거가 됩니다. 이 문제에서 원수의 전략은 단순하고 모든 전쟁 교과서에서 나타납니다. 한 연대를 공격하기에 앞서 그 연대를 양옆의 연대와 최대한 차단시키는 것입니다.

(2) 여성해방(물론 여성해방 자체는 나쁜 일이 아닙니다. 여성해방에 따라오는 한 가지 결과를 고려한 내용일 뿐입니다). 사회생활의 결정적 요인 중 하나는 일반적으로(개별적으로는 많은 예외들이 존재합니다) 여자들이 여자를 좋아하는 정도보다 남자들이 남자를 더 좋아한다는 것입니다. 따라서 여자들이 자유로워질수록, 남자들만의 모임은 더 적어집니다. 대부분의 남자들은 자유로울 때 남자들만의 모임으로 자주 물러납니다만, 여자들은 그렇게 하는 빈도가 낮습니다. 현대의 사회생활에서는 이전 시기보다 남녀가 더 자주, 끊임없이 섞입니다. 여기에는 아마 좋은 결과가 많겠지만, 한 가지 안 좋은 결과도 있습니다. 그로 인해 젊은이들 사이에서 관념에 대한 진지한 논쟁이 줄어든다는 것이지요. 젊은 수컷 새가 젊은 암컷 앞에 있으면 (자연의 강요로) 깃털

을 과시할 수밖에 없습니다. 그래서 모든 혼성 모임은 이처럼 재치, 농담, 익살, 일화 등을 나누는 장—궁극적 사안들에 대한 길고 엄밀한 토론이나 그런 토론을 벌이는 진지한 남자들의 우정을 제외한 세상의 모든 것이 거론되는 장—이 됩니다. 그로 인해 학생들 사이에서 형이상학적 에너지가 줄어들었습니다. 그들이 지금 논의하는 진지한 문제들은 전부 '실용적' 중요성이 있는 것처럼 보이는 문제들(즉 심리적, 사회적 문제들)입니다. 그런 문제들은 여성들의 강한 현실성과 구체성을 만족시켜 주기 때문입니다. 그것은 분명 여성들의 자랑거리요, 인류 공통의 지혜에 적절히 기여합니다. 그러나 남성적 정신의 합당한 자랑거리인 진리 자체를 위한 진리에 대한 관심, 우주적 진리와 형이상학적 진리에 대한 사심 없는 관심이 훼손되고 있습니다. 이렇게 해서, (1)의 변화가 우리를 과거와 단절시킨 것처럼 이 변화는 우리를 영원한 것과 단절시킵니다. 우리는 더욱 더 고립되고 있고, 즉각적이고 일상적인 세계로 강제로 끌어내려집니다.

(3) 발전주의 또는 역사주의(저는 역사학이라는 고귀한 학문과 역사주의라는 치명적인 사이비 철학을 날카롭게 구분합니다). 이것의 주된 기원은 다윈주의입니다. 저는 그리스도인이 생물학 이론으로서의 다윈주의와는 다툴 필요가 없다고 생각합니다. 그러나 제가 발전주의라 부르는 생각은 진화론적 개념을 생물학 영역 너머 저 멀리까지 확장시켜 실재의 핵심 원리로 채택한 것입니다. 현대인에게는 질서정연한 우주가 혼돈에서 나오고, 생명이 무생물에서 생겨나고, 이성이 본능에서

나오며, 문명이 야만에서, 미덕이 동물성에서 나온다는 생각이 자연스럽게만 보입니다. 이런 생각은 그의 머릿속에서 많은 잘못된 비유로 뒷받침됩니다. 참나무가 도토리에서 나오고, 사람은 정자에서 생겨나고, 현대의 증기선은 원시적 피선[2]에서 생겨났다는 것이지요. 모든 도토리가 참나무에서 떨어졌고, 모든 정자는 남자에게서 나왔으며, 첫 번째 배는 그보다 훨씬 더 복잡한 천재적 인간이라는 존재가 만들었다는 보완적 진실은 그냥 무시됩니다. 현대인의 정신은 "거의 아무것도 아닌 것이 거의 모든 것으로 바뀐다고 예상할 수 있다"라는 원리를 우주 전체에 대한 하나의 공식으로 받아들이면서도, 우리가 우주에서 직접 관찰할 수 있는 부분들이 상당히 다른 이야기를 들려준다는 사실은 눈치 채지 못합니다. 이 발전주의는 인간 역사의 영역에서 역사주의가 됩니다. 역사주의는 우리가 역사에 대해 아는, 되는 대로 추려 낸 빈약한 사실들이 실재에 대한 신비에 가까운 계시를 담고 있다는 믿음, 그리고 변화의 흐름을 파악하여 그것이 향하는 곳으로 따라가는 일이 우리의 주된 의무라는 믿음입니다. 이 견해가 모든 종교와 양립할 수 없는 것은 아닙니다. 사실 역사주의는 특정 종류의 범신론과 아주 잘 어울립니다. 그러나 기독교와는 전적

2) 皮船, coracle. 풀이나 갈대 또는 묘목으로 엮은 뼈대에 가죽을 씌운 배. 웨일스 지방의 강이나 호수에 띄움.

으로 반대됩니다. 역사주의는 창조와 타락을 거부하기 때문입니다. 기독교에서 세상은 최고선이 선을 창조하고 죄로 인해 선이 부패되는 곳이지만, 발전주의에서는 선의 기준 자체가 끊임없이 변합니다.

(4) 엄격한 마르크스주의부터 모호한 '민주주의'에 이르는 다양한 형태의 소위 프롤레타리아트주의. 대륙 프롤레타리아주의의 특징은 물론 강력한 반反성직자주의였습니다. 영국의 프롤레타리아주의에서는 반성직주의라는 요소가 그만큼 흔하지는 않다고들 합니다(저는 그 말이 옳다고 생각합니다). 그러나 모든 형태의 프롤레타리아주의의 공통점은 모든 나라의 프롤레타리아들이(심지어 '우파' 정부가 들어선 나라들조차) 아주 오랜 세월 동안 끊임없이 아첨의 대상이었다는 점입니다. 그 자연적인 결과가 이제 나타나고 있습니다. 그들은 기록된 어떤 귀족정의 자기만족도 뛰어넘는 심각한 자기만족에 빠져 있습니다. 세상에 어떤 문제가 있더라도 자기들이 원인은 아니라고 확신합니다. 다른 누군가가 모든 악의 책임을 져야 합니다. 따라서 하나님의 존재를 논의할 때, 그들은 하나님을 자신들의 재판관으로 생각하는 법이 없습니다. 오히려 그들이 하나님의 재판관입니다. 하나님이 합리적인 변론을 내놓으면, 그들이 그 내용을 검토하고 어쩌면 그분을 무죄 방면할 수도 있습니다. 그들에겐 두려움, 죄책감, 경외감이 없습니다. 처음부터 하나님에 대한 자신들의 의무가 아니라 자신들에 대한 하나님의 의무를 생각합니다. 그리고 그들에 대한 하나님의 의무는 구원의 관점이 아닌, 사회보장, 전쟁 방지, 생활수준 향상

같은 순전히 세속적 관점에서 상정됩니다. '종교'의 가치는 이런 목적들에 기여할 때만 인정됩니다. 이 프롤레타리아트주의는 다음 항목과 일치합니다.

(5) 실용성. 인간은 비이성적 동물들만큼이나 협소한 의미에서 '실용적'이 되고 있습니다. 일반 청중에게 강연할 때 저는 기독교의 주장들이 객관적으로 참되다고 생각하기 때문에 기독교를 권한다는 사실을 이해시키기가 거의 불가능함을 거듭거듭 발견합니다. 그들은 참이냐 거짓이냐에 관심이 없습니다. 그저 기독교가 위안이 될지, '영감을 줄지', 또는 사회적으로 유용할지만 알고 싶어 합니다. (영어에는 이 부분에서 특수한 어려움이 있습니다. 일반 어법에서 '믿는다believe in'는 다음 두 가지를 의미하기 때문입니다. (a) 사실로 받아들인다 (b) 찬성한다. '나는 자유 무역을 믿어'는 자유 무역에 찬성한다는 뜻입니다. 따라서 영국 사람이 기독교를 '믿는다' 또는 '믿지 않는다'고 말할 때, 그의 머릿속에는 진리에 대한 생각이 전혀 없을 수도 있습니다. 그저 기독교라는 사회제도에 대한 찬반 의견을 말하는 것일 뿐일 경우가 많습니다.) 이 비인간적 실용성과 긴밀히 연결된 것이 교리에 대한 무관심과 경멸입니다. 사람들이 좋아하는 관점은 무의식적 혼합주의입니다. '모든 종교는 실제로 같은 것을 의미한다'는 믿음이 널리 퍼져 있습니다.

(6) 이성理性에 대한 회의론. 실용성에다 프로이트나 아인슈타인이 말한 내용에 대한 불분명한 이해가 더해져서 '이성은 아무것도 증명하지 못하고 모든 사고는 비이성적 과정에 의해 생겨난다'는 일

반적이고 상당히 태평한 믿음이 만들어졌습니다. 저는 한 지적인 사람(지식 계층의 일원은 아니었습니다)과 논쟁하면서, 그가 받아들인 입장이 사고의 타당성을 부인하는 결론을 논리적으로 포함한다고 몇 번이나 지적했습니다. 그는 제 지적을 이해하고 거기에 동의하면서도 그것이 자신의 원래 입장에 대한 반론이 된다고 여기지 않았습니다. 그는 우리의 모든 사고가 타당하지 않다는 결론을 담담하게 받아들였습니다.

현대의 복음 전도자는 이상과 같은 주요 특징들을 가진 정신적 풍토에서 일을 해야 합니다. 간단히 요약하면, 가끔은 우리가 사람들을 기독교로 회심시키기 위한 예비 행위로서 먼저 그들을 진짜 이교주의로 되돌려야 하는지도 모르겠다는 생각이 든다는 것입니다. 만약 그들이 스토아주의자, 오르페우스교도, 미트라교도, 또는 대지를 숭배하는 농부(이쪽이 훨씬 낫습니다)라면, 우리의 과제는 더 쉬워질 것입니다. 그래서 저는 현대의 이교주의(신지학, 인지학 등)를 나쁜 징후로만 보지 않습니다.

물론 현재의 상황에는 좋은 요소들도 있습니다. 이전의 그 어느 때보다 사회적 양심이 깨어 있습니다. 행동의 순결은 이전 세대만 못할지 몰라도, 현대의 젊은이들은 보다 겸손하고 예의 바르던 시대보다 호색적이고 음탕한 생각에 덜 집착하는 것 같습니다(이것은 인상일 뿐이며 잘못된 인상일 수도 있습니다). 우리 그리스도인들이 고립되었다는 사실, 객관적 진리를 향한 인간의 매장된 (그러나 죽지 않은) 욕구에 호소하는 유일한 사람들이 되어 간다는 사실은 어려움을 안겨 주지만 힘의 근원이 되기도 합니다. 이 글을 마치기 전에, 제가 가진 은사의 한계로 인해 제가 언제나 주로 지적인 접근을 할 수밖에 없었음을 말씀드려야겠습니다. 그러나 저는 훨씬 더 감정적이고 더 '영적인' 접근법이 현대의 청중에게 기적 같은 효과를 내는 자리에도 있어 봤습니다. 하나님이 은사를 주시는 곳에서, "전도의 미련한 것"*은 여전히 강력합니다. 그러나 둘이 한 팀을 이루는 것이 가장 좋습니다. 한 사람이 예비적으로 지적인 엄호 사격을 하고 나면, 다른 사람이 뒤를 이어 마음에다 직접적인 공격을 가하는 것입니다.

* 고전 1:21.

XIII
자전거에 관한 이야기

Resistance, 1946. 10.

친구가 말했습니다. "자전거에 관해 말하자면 나는 네 단계를 거쳤네. 아주 어린 시절, 자전거가 내게 아무 의미가 없던 때가 기억이 나는군. 자전거는 어른들의 물건 중 하나였고 그저 크고 무의미한 배경이던 그런 것들을 뒤로하고 삶은 흘러갔네. 그러다 자전거를 갖고, 자전거 타는 법을 배우고, 마침내 아침 일찍 혼자서 자전거를 타고 나무 그늘과 햇살 아래를 지나며 질주하는 일이 낙원으로 들어가는 것 같던 때가 찾아왔어. 힘도 안 들고 마찰도 없는 것 같던 미끄러짐은 다른 무엇보다 수영과 비슷했지만, 제5원소라도 발견한 것 같았달까. 생명의 비밀이라도 풀어낸 듯한 기분을 안겨 주었어. 자전거를 타면 행복을 느끼기 시작한 거야. 그러나 물론 세 번째 시기에 접어들었지. 비가 오나 눈이 오나 추우나 더우나 자전거를 타고 학교와 집을 오가다 보니(등굣길과 귀갓길 모두 오르막이 있었거든) 자전거 타기의 단조로움이 드러났지. 자전거 자체가 내게 갤리선 노예의 노처럼 되어 버린 거야."

"그러면 네 번째 단계는 뭔가?" 제가 물었습니다.

"내가 지금 그 단계에 있네. 자주 그 단계에 있다고 해야 하나? 최근에는 차가 없어서 다시 자전거를 타야 했거든. 내가 자전거를 타고 다니며 하는 일은 아주 지루할 때가 많아. 하지만 자전거를 탄다는 사실만으로도 거듭거듭 달콤한 기억이 훅 하고 되살아나는 거야. 두 번째 단계의 느낌들을 되찾고 있지. 게다가 그 느낌들이 참으로 진짜였다는 걸 이제는 알겠어. 참으로 철학적이기도 했어. 그것은 정말 놀라울 만큼 즐거운 움직임이거든. 자전거는 내가 그때 생각했던 행복의 비결이 아닌 것은 확실해. 어떤 의미에서 두 번째 시기는 신기루였지. 그러나 다른 뭔가를 가리키는 신기루였어."

"무슨 말이야?" 제가 물었습니다.

"이런 뜻이지. 이 세계나 다른 어떤 세계에 자전거 타기의 첫 경험이 약속하는 것처럼 보였던 행복이 존재하든 아니든, 그 행복에 대한 관념을 가졌다는 것은 어떤 견해에서 보아도 중요하지. 약속된 대상의 가치는 유효하다는 말이네. 그 특정 약속이 거짓이고 그것에 대한 가능한 모든 약속까지 거짓이라 해도 여전히."

"당나귀 코앞에 달아 놓은 당근 이야기 같구먼." 제가 말했습니다.

"당나귀가 당근 냄새를 그 맛 못지않게, 또는 그 이상으로 즐겼다면, 그것조차도 속임수는 아니지. 그리고 그 냄새가 먹는 행위로는 결코 채워질 수 없는 감정을 당나귀 안에서 불러일으킨다고 해보세. 당나귀는 과거를 회상하며(당나귀가 나이가 들어 4단계에 살고 있다고 할 때) 이렇게 말하지 않을까? '그 옛날 내 코앞에 그 당근이 매달려 있었던 것이 기쁘구나. 그렇지 않았으면 아직도 나는 먹는 일이 가장 큰 행복이라고 생각했을 거야. 이제 나는 그보다 훨씬 더 좋은 것이 있다는 걸 알아. 그 당근 냄새를 통해 내게 찾아왔던 그 무엇이지. 설령 그것을 절대 얻지 못한다 해도 그 존재를 모르고 지나가는 것보다는 알게 된 것이 낫다고 생각해. 그것을 원했던 것만으로도 삶은 더 가치 있어지기 때문이야.'"

"당나귀가 그렇게 느낄 것 같지는 않은데."

"그렇지. 네발 당나귀나 두 발 당나귀나 다르지 않을 거야. 그러나 나는 그렇게 느끼는 것이 인간의 진정한 표시가 아닐까 한다네."

"그러니까 자전거가 발명되기 전에는 누구도 인간답지 못했다는 건가?"

"자전거는 한 가지 사례일 뿐이야. 나는 거의 모든 일에 이런 네 단계가 존재한다고 보네. 그 단계에 이름을 붙여 보세. 미주술 시기Unchanted Age, 주술화 시기Enchanted Age, 탈주술 시기Disenchanted Age, 재주술 시기Re-enchanted Age. 어린 아이였을 때 나는 자전거에 대해 미주술화 상태였지. 그러다 처음 자전거 타기를 배웠을 때 주술화되었어. 열여섯 살이 되자 탈주술화되었고 이제는 재주술화된 거지."

"계속해 봐." 제가 말했습니다. "자전거 말고 또 어디에 적용할 수 있는 건가?"

"내 생각에 가장 분명한 것은 사랑이야. 우리 모두 미주술 시기를 기억하지. 여자들이 우리에게 아무 의미가 없던 시간이 있었잖은가. 그러다 우리는 사랑에 빠졌고, 물론 그것이 주술이었지. 그러다 결혼 초기나 중기에 탈주술이 찾아오지. 모든 약속이 어떤 면에서 거짓으로 밝혀졌네. 사랑의 약속을 채워 줄 수 있는 여자는 없어. 그것은 불가능한 일이었지. 내 아내나 자네 부인에게 무례하게 굴 생각은 없네. 하지만……."

"난 미혼이네." 제가 그 사실을 상기시켰습니다.

"오! 그거 안됐구먼. 그렇다면 이 특정한 형태의 재주술화를 이해할 수 없을 테니 말이네. 나는 이 문제를 총각에게 설명할 수 있을 것 같지 않아. 사랑의 첫 번째 신기루를 되돌아볼 때, 그것이 신기루였음을 완벽하게 인식하면서도 거기에서 나온 모든 것, 소년 소녀는 꿈도 꾸지 못했을 것들을 본다는 것. 그것을 기억함이 어떤 의미에서는 그것을 현실로 불러내는 일임을 느낄 때가 온다는 것. 그래서 맑고 깊은 연못 바닥에 놓여 있는 조개껍데기처럼 그것이 다른 모든 경험의 아래에 있고 그것 없이는 어떤 일도 일어나지 않았을 거라는 것. 그리하여 그것이 사실과 가장 거리가 멀었던 때에도 우리가 그때 이해할 수 있는 유일한 형태로 중요한 진리를 말해 주고 있었다는 것을 말이야. 하지만 내가 자네를 지루하게 만들고 있구먼."

"천만의 말씀이야." 제가 말했습니다.

"자네가 좀 더 관심을 가질 만한 사례를 들어 보지. 전쟁 어떤가? 우리 후배들은 대부분 전쟁에 대해 미주술화된 상태로 자라났지. 미주술화된 사람은 전쟁의 낭비와 잔혹함은 (제대로) 보지만 그 외의 다른 것은 보지 못하지. 주술화된 사람은 루퍼트 브룩[1]이나 필립 시드니의 마음 상태에 있다네. 그는 영광과 전쟁시詩와 결사대, 최후의 저항과 기사도를 생각하지. 그 다음에 탈주술화 시기가 온다네. 시그프리드 서슨[2]이 바로 이 시기에 있는 사람의 사례가 되겠지. 그러나 여기에도 네 번째 시기가 있다네. 물론 현대 영국에서 전쟁의 재주술화 시기에 대해 감히 이야기하는 사람은 극소수에 불과하지. 내가 무엇을 말하는지 자네는 잘 알 거야. 우리는 최소한 속지는 않아. 참호의 기억이 너무나 생생하거든. 낭만적 견해가 현실의 얼마나 많은 부분을 빠뜨리는지 우리는 알지. 그러나 영웅주의가 진짜라는 것과 전통적인 깃털 장식과 깃발과 나팔이 까닭 없이 있는 게 아니라는 사실도 안다네. 그것들은 참으로 명예로운 행위에 경의를 표하기 위한 시도였어. 처음에 그런 행위를 명예롭게 여긴 것은 전쟁이 얼마나 끔찍한지 다들 알았기 때문이었어. 그리고 이 부분에서 이 네 번째 시기의 역할이 너무나 중요하다네."

"무슨 말인가?"

"미주술과 탈주술, 주술과 재주술을 구분하는 것이 엄청나게 중요하지 않은가? 예를 들면 호메로스의 전쟁시나 〈몰던 전투〉는 재주술이네. 시인은 전쟁이 얼마나 끔찍한지 어느 현대인 못지않게 잘 알

1) Rupert Brooke, 1887-1915. 영국 시인. 제1차 세계대전에 참전하여 전사.
2) Siegfried Sassoon, 1886-1967. 제1차 세계대전에 종군, 두 차례에 걸쳐 부상을 당하고 그 뼈저린 체험을 바탕으로 전쟁의 비참함과 무의미함을 사실적으로 표현한 반전시인.

고 있고 시의 모든 행에서 그것이 드러나지. 그는 영웅적 행위를 기리고 그렇게 하기 위해 적절한 대가를 지불했어. 참상을 보지만 영광도 함께 보는 거야. 반면 〈고대로마 민요〉나 《레판토》[3]의 화자는 여전히 주술에 걸려 있네. 이들은 전투가 무엇인지 전혀 모르는 것 같아.* 미주술화와 탈주술도 비슷하지. 사랑은 성욕, 모든 전쟁은 살인으로 그려 내는 작가의 책을 읽어 봤을 거야. 그 작가는 탈주술화된 사람일까, 아니면 미주술화된 사람일까? 작가는 주술화를 지나서 탈주술화라는 암울한 고지대로 나온 것일까, 아니면 개처럼 사랑의 신기루에서 자유롭고 겁쟁이처럼 영웅의 신기루에서 자유로운, 인간 이하의 존재일까? 만약 탈주술화된 존재라면 그는 재주술화된 사람만큼은 아니어도 뭔가 들을 만한 가치가 있는 말을 할 수 있겠지. 하지만 미주술화된 사람이라면 그의 책은 별 볼 일 없을 거야. 그는 자신이 이해하지 못하는 것을 말하고 있는 것이니까. 그러나 미주술화 시기에 있는 사람을 상대로 우리가 경계해야 하는 큰 위험이 있네. 미주술화된 사람이 탈주술화된 사람으로 스스로 착각하거나 다른 사

3) *Lepanto*. 영국 작가 체스터턴이 1571년에 신성동맹 함대가 투르크 함대를 격파한 레판토 해전을 노래한 시.

* 〈몰던 전투*The Battle of Maldon*〉는 10세기의 고대 영어로 쓴 시이고, 올라프Anlaf 휘하의 고대 스칸디나비아인들이 991년에 에섹스의 몰던을 침략한 일을 다룬 작품이다. 〈고대로마 민요*The Lays of Ancient Rome*〉(1842)는 토마스 맥컬리의 작품, 《레판토*Lepanto*》(1911)는 G. K. 체스터턴의 작품이다.

람들이 그렇게 오인하는 것이지. 자네 무슨 말을 하려던 건가?"

"자네가 마지막 단계에서 뒤돌아보는 것이라고 주장하는 주술화가 종종 기억의 착각에 불과한 것은 아닐까 하는 생각이 들어서 말이야. 사람은 실제보다 신나는 경험을 더 많이 했던 것처럼 기억하지 않는가?"

"그야 그렇지. 어떤 의미에선 말일세. 기억 자체가 네 단계의 최고 사례야. 이보게, 워즈워스는 주술화된 상태였어. 그는 어린 시절의 몇 가지 달콤한 기억들을 떠올리고 그 기억들을 곧이곧대로 믿었지. 그는 자신이 과거의 특정 지점으로 돌아갈 수 있다면 거기서 기쁨의 순간이 자기를 기다리는 것을 발견할 수 있으리라 믿었어. 자네는 탈주술화된 사람이지. 자네는 옛 순간들에 대한 기억을 지금 너무나 황홀해하지만 당시에는 그 순간들이 지금 생각하는 것처럼 그렇게 훌륭하진 않았을 거라고 의심하기 시작했지. 자네가 옳아. 그 순간들은 그렇게 훌륭하지 않았어. 한 시인이 모든 위대한 경험을 두고 이렇게 말했지.

속삭임

기억은 그것을 외침으로 저장하리.*

* 오언 바필드의 미출간 시에서.

하지만 그래서 어떻다는 건가? 그런 저장하기 자체가 다른 무엇 못지않게 분명한 사실 아닌가? 과거와 현재에 걸쳐 있는 특정 종류의 편광을 메커니즘 삼아 시각이 초점을 맞춘다고 해서 시각이 조금이라도 덜 중요해지나? 특정한 거리에서는 산이 보랏빛으로 보인다는 것은 산에 대한 사실이 아닌가? 맥주를 더 마실 게 아니라면 우리는 자리를 뜨는 게 낫겠네. 카운터에 있는 사람이 우리가 정치 이야기를 한 줄 알겠구먼."

"정치 이야기가 아니라고는 확신하지 못하겠는걸." 제가 말했습니다.

"자네 말이 맞아. 귀족정이 또 다른 사례라는 뜻이지? 모든 인간은 동료 인간들에 대한 무제한의 권력을 맡더라도 그 권력을 착취에 이용하지 않을 것이라는 생각, 또는 그들의 명예, 용기, 고상함(이런 것들이 그들의 유일한 존재 목적이지)의 기준이 번지르르한 상스러움으로 금세 변질되지 않을 거라는 생각은 더할 나위없는 주술화였네. 따라서 탈주술화가 이루어지고 혁명의 시대가 찾아왔지. 정당하고도 불가피한 과정이었네. 그러나 우리가 재주술화로 나갈 수 있는지에 모든 것이 달려 있다네."

"재주술화는 어떤 모습이 될까?"

"귀족정이 신기루라면 원래의 실체가 절대적으로 필요하다는 깨달음이 있어야겠지. 귀족정은 옳았지만 귀족정 신봉자들이 틀렸다는 깨달음이라고 말할 수도 있겠네. 달리 표현하자면, 헌법적으로뿐 아니라 기풍에 있어서도 민주적인 사회는 끝이 난 것이지. 그런 사회의 종말은 그리 큰 손실도 아닐 걸세."

XIV
원자폭탄의 시대를 사는 것에 관하여

Informed Reading, 1948

어떤 면에서 우리는 원자폭탄에 너무 신경을 쓰고 있다는 것이 제 생각입니다. "원자폭탄 시대에 우리는 어떻게 살아야 하나요?" 이 질문에 저는 이렇게 대답하고 싶은 유혹을 받습니다. "전염병이 거의 해마다 런던을 덮쳤던 16세기에는 어떻게 살았을까요? 스칸디나비아에서 온 침입자들이 어느 밤에든 상륙하여 목을 딸 수 있었던 바이킹 시대에는 어떻게 살았을까요? 이미 시작된 암의 시대, 매독의 시대, 마비의 시대, 공습의 시대, 철도 사고의 시대, 교통사고의 시대는 이미 어떻게 살고 있습니까? 그렇게 살면 됩니다."

다시 말하면, 우리 상황의 새로움을 과장하는 것에서 출발하지 말자는 것입니다. 신사 숙녀 여러분, 제 말을 믿으십시오. 여러분과 여러분이 사랑하는 모든 사람은 원자폭탄이 발명되기 전에 이미 사형 선고를 받았습니다. 우리 중 상당수는 불쾌한 방식으로 죽게 될 것입니다. 분명 우리에게는 선조들보다 분명히 아주 큰 이점인 마취제가 있지만, 죽음의 운명은 달라지지 않았습니다. 원자폭탄이 아니어도 이 세상에는 고통스럽게 때 이른 죽음을 맞이할 가능성이 가득하고 죽음 자체는 가능성이 아니라 확실한 사실임이 분명합니다. 이런 세상에서 과학자들이 고통스럽고 때 이른 죽음의 가능성을 하나 추가했다고 해서 우는 소리를 하고 우울한 얼굴로 돌아다니는 것은 정말 우스꽝스러운 일입니다.

이것이 제가 첫 번째로 지적해야 할 사항입니다. 그리고 우리가 가장 먼저 취해야 할 행동은 정신을 가다듬는 것입니다. 원자폭탄으로 우리가 모두 파괴된다면, 원자탄이 우리에게 떨어질 때 그놈에게 분별 있고 인간다운 모습을 보여 줍시다. 기도하고 일하고, 가르치고 음악을 감상하고, 아이들을 씻기거나 테니스를 치고, 친구들과 한잔 하면서 잡담을 나누고 다트를 한판 하는 모습을 보여 줍시다. 겁에 질린 양떼처럼 옹송그리며 모여 폭탄 생각만 하지 맙시다. 우리 몸을 파괴하는 일은 미생물도 할 수 있습니다. 원자폭탄이 우리 몸을 파괴할지는 모르지만, 그놈에게 우리 정신까지 지배당할 필요는 없습니다.

여러분은 이렇게 응수할 수 있겠지요. "하지만 우리가 걱정하는 것은 죽음이 아닙니다. 고통스럽고 때 이른 죽음이라도 다를 건 없어요. 물론 죽음의 가능성은 새롭지 않지요. 새로운 사실은 원자폭탄이 문명 자체를 최종적으로 철저히 파괴할 수 있다는 것입니다. 문명의 빛이 영원히 꺼져 버릴 수 있습니다."

이것이 우리를 진짜 요점으로 훨씬 더 가까이 데려갑니다. 제가 생각하는 그 요점을 여러분에게 정확히 전달하려 시도해 보겠습니다. 원자폭탄이 등장하기 전, 문명의 궁극적 미래에 대한 여러분의 견해는 무엇이었습니까? 인류의 이 모든 수고가 결국 어떤 결과에 이를 거라고 생각하셨습니까? 과학을 조금이라도 아는 사람이라면 거의 누구나 진정한 답변을 알고 있습니다. 하지만 참으로 이상하게도, 이것은 거의 언급되지 않습니다. 진짜 답변은 (거의 의심의 여지없이) 원자폭탄이 있든 없든 모든 것이 무無로 끝나리라는 것입니다. 천문학자들은 이 행성이 영구적으로 거주 가능한 곳으로 남아 있으리라는 희망을 말하지 않습니다. 물리학자들은 물리적 우주의 어떤 부분에서도 생명체가 영구적으로 존재 가능하리라는 희망을 말하지 않습니다. 이 땅뿐 아니라 온 세상, 우주 공간의 모든 별들이 멈출 것입니다. 자연은 침몰 중인 배입니다. 베르그송은 생명이 영원히 솟아나기라도 할 것처럼 엘랑 비탈*élan vital*을 말하고 쇼Shaw 씨는 '생명력'을 말합니다. 그러나 그것은 생물학에만 집중하고 다른 과학은 무시한 결과입니다. 실제로 그런 희망은 없습니다. 길게 보면 자연은 결국 생명에 호의적이지 않습니다. 만약 자연이 존재하는 전부라면—다시 말해 하나님도 없고 자연 바깥 어딘가에 뭔가 전혀 다른 종류의 생명이 존재하지 않는다면—그때는 모든 이야기가 결국 같은 방식으로 끝날 것입니다. 우주의 모든 생명이 돌아올 가망 없이 완전히 사라지고 말 것입니다. 생명은 우연한 깜빡임이었을 테고, 그것을 기억할 그 누구도 남지 않을 것입니다. 원자폭탄으로 현재의 이 행성에서 생명의 지속 기간이 짧아질 수는 있겠지만, 생명이 수십억 년 동안 이어진다 해도 그 전후의 바다 같은 죽은 시간에 비하면 무한히 짧을 것이 분명하기에 저는 생명의 지속 기간이 단축되는 일에 흥분할 수가 없습니다.

전쟁과 기후(또 다른 주기적 빙하시대가 닥칠까요?)와 원자폭탄이 실제로 한 일은 우리가 어떤 종류의 세계에 살고 있는지 강제로 떠올리게 한 것입니다. 1914년 이전의 번영기 동안에 우리는 그 사실을 잊어 가고 있었습니다. 이렇게 현실을 떠올리게 하는 일은 그 자체로는 좋은 것입니다. 우리는 기분 좋은 꿈에서 깨어났고 이제 현실에 대한 이야기를 시작할 수 있습니다.

중요한 질문은 원자폭탄이 '문명'을 말살할 것인가가 아님을 우리는 (깨어나서) 즉시 알게 됩니다. 중요한 질문은 '자연'—과학이 연구하는 대상—이 존재하는 유일한 것인가입니다. 이 두 번째 질문에 '그렇다'고 답한다면, 첫 번째 질문은 모든 인간 활동의 불가피한 좌절이 자연적 시간에 찾아오는 대신 우리의 행동으로 앞당겨질 수 있는지 묻는 것에 불과하기 때문입니다. 물론 그것은 아주 중요한 질문입니다. 타고 있는 배가 조만간 침몰할 것이 분명해도, 보일러가 지금 폭발할 수도 있다는 소식을 무심하게 들을 사람은 없을 테니까요. 그러나 어쨌든 배가 침몰하고 있음을 아는 사람은, 그 사실을 잊고 배가 어딘가에 닿을 거라 막연하게 상상하던 사람만큼 절망적으로 흥분하지는 않을 것 같습니다.

그렇다면 우리는 두 번째 질문에 대해 마음을 정할 필요가 있습니다. 먼저 자연이 존재하는 전부라고 가정해 봅시다. 시간과 공간 속 원자들의 무의미한 작용 이외에 어떤 것도 존재한 적이 없고 앞으로도 결코 존재하지 않을 거라 가정해 봅시다. 수백분의 일 확률의 사건들이 연속적으로 이어지면서 자연은 (유감스럽게도) 우리 같은 존재를 만들어 냈습니다. 자신의 의식이 통째로 무의미한 과정의 우연적 결과이고 그러므로 그것이 자신에게는 (아아!) 의미심장하게 느껴져도 사실은 무의미함을 아는 의식 있는 존재 말입니다.

이런 상황에서 할 수 있는 일은 세 가지인 것 같습니다.

(1) 자살을 할 수 있습니다. 의미도 가치도 허락하지 않는 우주에서 의미와 가치를 요구하는 이 의식을 내게 (맹목적으로, 우발적으로) 제공하여 내게 고통을 안겨 준 자연이 운 좋게도 그것을 제거할 수단도 주었습니다. 달갑지 않은 선물을 돌려줍니다. 더 이상 속지 않을 것입니다.

(2) 가능한 한 좋은 시간을 갖기로 결심할 수 있습니다. 우주는 무의미한 곳이지만, 우리는 그 안에 있으니 할 수 있는 것을 붙잡으십시오. 하지만 불행히도 이런 조건에서는 붙잡을 만한 것이 별로 남아 있지 않습니다. 가장 천한 감각적 쾌락뿐이지요. 소녀의 인격과 성품의 아름다움이 원자들의 충돌로 생겨나는 일시적이고 우발적인 패턴이라는 것과 그에 대한 당신의 반응이 유전자의 움직임에서 생겨나는 일종의 정신적 인광일 뿐이라는 것을 안다면 (그리고 그 사실을 계속 기억한다면) 그녀를 사랑하는 일은 가장 저속한 동물적 의미를 넘어설 수 없습니다. 음악의 선율이 의미심장하게 느껴짐은 순전히 착각이라는 것과 우리가 그것을 좋아하는 이유는 오로지 우리의

신경 체계가 그것을 좋아하도록 비이성적으로 조건화되어 있기 때문이라는 사실을 알고 기억한다면 음악에서 어떤 진지한 즐거움도 계속 얻을 수 없습니다. 여전히 우리는 가장 저속한 의미에서의 '좋은 시간'을 보낼 수는 있지만, 그것이 좋아질수록, 그리고 그것이 우리를 차가운 육감에서 진정한 뜨거움과 열정과 기쁨으로 밀어 넣을 조짐이 보일수록, 우리의 감정과 우리가 살아가는 이 우주의 절망적인 부조화를 느끼지 않을 수 없을 것입니다.

(3) 우주에 저항할 수 있습니다. 우리는 이렇게 말할 수 있겠지요. "우주가 비이성적이든 아니든 나는 이성적일 테다. 우주가 무자비하든 아니든, 나는 자비롭게 살 테다. 우주가 그 어떤 기이한 우연에 의해 나를 만들어 냈든, 나는 일단 여기 있으니, 인간의 가치에 따라 살 테다. 결국엔 우주가 승리하겠지만, 그것이 나와 무슨 상관이냐? 나는 싸우다가 갈 테다. 이 모든 낭비 한복판에서 나는 보존할 테다. 이 모든 경쟁 한복판에서 나는 희생할 테다. 우주 따윈 지옥에나 떨어져라!"

제 생각에 유물론자로 머무는 한 우리 대부분은 두 번째와 세 번째 태도 사이를 다소 거북하게 오갈 것 같습니다. 세 번째 태도가 비할 바 없이 더 낫기는 하지만(이를테면 '문명을 보존'해 줄 가능성이 훨씬 더 높지만) 둘 다 실은 같은 암초에 걸려 난파됩니다. 그 암초—우리의 마음과 자연의 부조화—는 두 번째 태도에서 분명하게 드러납니다. 세 번째 태도는 처음부터 부조화를 받아들이고 거기에 저항함으로써 그 암초를 피하는 것처럼 보이지만 실제로는 효과가 없을 것입니다. 세 번째 태도는 우주의 멍청함에 맞서는 인간의 기준들을 제시합니다. 즉 인간의 기준들이 우주와 대비될 수 있는, 우주 바깥의 무엇인 것처럼 말합니다. 다른 근원에서 빌려온 모종의 기준으로 우주를 판단할 수 있는 것처럼 말이지요. 그러나 만약 (우리가 생각하는 것처럼) 자연, 즉 공간-시간-물질 체계가 존재하는 유일한 것이라면, 당연히 우리의 기준에는 다른 어떤 원천도 있을 수 없습니다. 그 기준들은 다른 모든 것과 마찬가지로 맹목적인 힘들의 우연하고 무의미한 결과물이 분명합니다. 인간의 기준들이란 자연을 판단하는 기준으로 삼을 수 있는, 자연 너머에서 온 빛이 아니라 인간이라는 유인원의 두개골 안에서 원자들이 특정 상태—이성적이지 않고 인간적이지 않고 도덕과 무관한 원인들에 의해 만들어지는 상태—를 이룰 때 그 유인원이 느끼는 방식에 불과합니다. 이렇게 해서 우리가 자연에 저항할 바탕이 되는 근거가 우리 발밑에서 무너져 내립니다. 우리가 적용하는 기준은 근원에서부터 오염되어 있습니다. 그 기준들이 이 무의미한 우주에서 도출되는 것이라면, 그것들도 우주만큼이나 무의미함이 분명합니다.

제 생각에 대부분의 현대인은 이런 사고 과정을 다 거친 다음에야 반대의 견해를 공정하게 들어 줄 수 있습니다. 모든 자연주의가 결국 우리를 이끄는 자리는 바로 여기, 우리 정신이 주장하는 바와 우리 정신의 진정한 실체(자연주의가 옳다면) 사이의 이 최종적이고 절망적인 불일치입니다. 우리 정신은 스스로를 영spirit이라고, 즉 보편적인 지성의 원리와 보편적인 도덕법칙을 인식하고 자유의지를 가진 이성이라고 주장합니다. 그러나 만약 자연주의가 참이라면, 우리의 정신은 실제로는 비이성적 원인들에 의해 생겨난, 두개골 속 원자들의 단순 배열에 불과할 것입니다. 우리가 어떤 생각을 하는 것은 그 생각이 참되기 때문이 아니라 오로지 자연이 그 생각을 하도록 강요하기 때문입니다. 우리가 어떤 행동을 하는 것은 그 행동이 옳아서가 아니라, 오로지 맹목적인 자연이 그 행동을 강요하기 때문입니다. 사람은 이런 터무니없는 결론을 직시한 다음에야 다음과 같이 속삭이는 목소리에 마침내 귀 기울일 준비가 됩니다. "그러나 우리가 정말 영이라면 어떨까? 우리가 자연의 자손이 아니라면…… 어떨까?"

자연주의적 결론은 참으로 믿을 수 없기 때문입니다. 우선 우리는 우리의 정신을 신뢰함을 통해서만 자연 자체를 알게 되었습니다. 만약 자연이 온전히 알려졌을 때 우리의 정신이 우연한 원자들의 배열이라고 가르치는 것처럼 보인다면(즉 과학이 우리에게 그렇게 가르친다면), 뭔가 오류가 있음이 분명합니다. 만약 그것이 사실이라면 과학 자체가 원자들의 우연한 배열의 결과일 테고 그렇게 되면 우리가 과학을 믿을 근거가 사라지기 때문입니다. 이런 교착 상태를 피할 방법은 하나뿐입니다. 자연주의보다 훨씬 이전에 제시된 견해로 되돌아가야 합니다. 우리가 영적인 존재, 자유롭고 이성적 존재로서 현재 비이성적 우주에 거하고 있다는 사실을 그대로 받아들여야 하고 우리가 비이성적 우주에서 나오지 않았다는 결론을 내려야 합니다. 우리는 이곳에서 이방인입니다. 우리는 다른 곳에서 왔습니다. 자연은 존재하는 전부가 아닙니다. '다른 세계'가 존재하고 우리는 바로 그곳에서 왔습니다. 우리가 이곳에서 편안하게 느끼지 못하는 것은 그 때문입니다. 물고기는 물속에서 편안하게 느낍니다. 만약 우리가 '이곳에 속한다면' 우리는 여기서 편안함을 느껴야 할 것입니다. 우리가 자연적 피조물에 불과하다는 이론은 "이빨과 발톱이 피로 물든 자연"에 관해, 죽음과 시간과 무상mutability에 관해 우리가 말하는 모든 것, 우리가 우리 몸에 대해 반쯤은 재미있어하고 반쯤은 부끄러워하는 태도를 보이는 현상을 제대로 설명하지 못합니다. 만약 이곳이 유일한 세상이라면, 어째서 우리는 세상의 법칙을 너무 끔찍하거나 너무 희극적이라고 여기게 되었을까요? 다른 어딘가에 직선이 존재하지 않는다면, 자연의 선이 구부러졌음을 우리가 어떻게 발견했을까요?

그렇다면 자연은 무엇이고, 우리는 어쩌다 우리에게 이토록 이질적인 체계에 갇히게 되었을까요? 참으로 이상하게도, 자연이 전부가 아니라는 사실을 깨닫는 순간 우리의 문제가 훨씬 덜 불길해집니다. 우리 어머니로 오인하면 자연은 무섭고 심지어 고약하기까지 합니다. 그러나 만약 자연이 우리의 자매일 뿐이라면—자연과 우리에게 공통의 창조주가 있다면, 자연이 우리의 스파링 파트너라면—그때는 상황이 상당히 참을 만합니다. 어쩌면 우리는 죄수로서가 아니라 식민지의 주민으로 이곳에 있는지도 모릅니다. 개, 말, 수선화에 이미 우리가 한 일만 생각해 보십시오. 자연은 참으로 거친 놀이 친구입니다. 자연에는 악의 요소들이 있습니다. 그것을 설명하려면 아주 멀리까지 거슬러 올라가야 할 것입니다. 정사와 권세에 대해 말해야 할 테고, 현대의 독자에게는 참으로 신화적으로 보일 모든 내용에 대해 말해야 할 것입니다. 그러나 지금은 그것을 다루는 자리가 아니고, 그런 문제들이 우선적인 고려 사항도 아닙니다. 이 자리에서는 자연이 우리와 비슷하지만 자연만의 다른 방식으로 창조주와 크게 멀어졌다고 말하는 것으로 충분합니다. 물론 우리처럼 자연 안에도 옛 아름다움의 희미한 빛이 남아 있습니다. 그러나 그 희미한 빛은 섬길 대상이 아니라 향유할 대상으로 거기 있습니다. 자연은 우리에게 가르쳐 줄 것이 없습니다. 우리가 할 일은 자연의 법칙이 아니라 우리 법칙에 따라 살아가는 것입니다. 생존하려면 다른 방도가 없어 보여도 경쟁과 강탈의 법칙을 따르지 않고, 자살 행위로 보이는 상황에서도 사랑과 절제의 법칙을 따르는 것이지요. 사적으로도 공적으로도 말입니다. 생존을 우선시하는 것은, 그것이 우리 종의 생존이라 해도 결코 우리 영적 법칙의 일부가 아니기 때문입니다. 이 지구상에서 우리는 인간의 생존은 물론이고 우리의 나라나 문화나 계급의 생존도 명예롭고 자비로운 수단에 의해서가 아니면 이룰 만한 가치가 없다고 느끼도록 스스로를 단호하게 훈련시켜야 합니다.

그에 따르는 희생은 보기보다 그렇게 크지 않습니다. 어떤 대가를 치르고라도 생존하겠다는 결심만큼 한 종이나 나라를 파괴할 가능성이 높은 것도 없습니다. 문명보다 다른 것에 더 마음을 쓰는 사람들이야말로 문명을 보존하는 역할을 감당하게 될 유일한 존재입니다. 천국을 가장 원하는 사람들이 지상을 가장 잘 섬겼습니다. 하나님보다 인간을 덜 사랑하는 사람들이 인간을 위해 가장 많은 일을 합니다.

XV
텅 빈 우주*

제가 볼 때 이 책은 철학이 시작된 이래 죽 진행되어 온 사상의 흐름을 뒤집으려는 첫 번째 시도입니다.

인간이 우주를 알게 된 과정은 어떤 관점에서는 극도로 복잡하지만, 다른 관점에서는 놀랄 만큼 단순합니다. 우리는 단일한 일방향의 진전을 목격할 수 있습니다. 처음에 우주는 의지, 지성, 생명, 긍정적 특성들로 가득 찬 것처럼 보입니다. 모든 나무는 님프이고, 모든 행성은 신神입니다. 인간 자체는 신들과 유사합니다. 그런데 지식의 진보가 풍요롭고 다정하던 이 우주를 서서히 비워 냅니다. 처음에는 신들을, 그 다음에는 우주의 색깔, 냄새, 소리, 맛을, 끝내는 인간이 원래 상상했던 우주의 견고함 자체마저 비웁니다. 이런 항목들은 세상에서 치워져 주관의 계정계좌로 옮겨지고 우리의 감각, 생각, 이미지, 감정으로 분류됩니다. 객관이 희생되는 대신 주관은 자기 배

* 이 에세이는 D. E. 하딩의 *The Hierarchy of Heaven and Earth: A New Diagram of Man in the Universe*(London, 1952)의 서문으로 처음 출판되었다.

를 실컷 불리고 팽창합니다. 그러나 이 문제는 여기서 그치지 않습니다. 세상을 텅 비게 만든 이 방법이 이제 더 나아가 같은 방식으로 인간 자신을 비웁니다. 이 방법의 대가들은 나무에 드리아스[1]가 있다고 본 것이 잘못된 생각이듯, 인간 유기체에 '영혼'이나 '자아'나 '정신'이 있다고 여긴 것도 잘못된(동일한 방식으로 잘못된) 생각이었다고 금세 선언합니다. 애니미즘[2]은 집에서 시작되는 것 같습니다. 다른 모든 것을 의인화했던 우리 자신이 의인화된 존재에 불과함이 드러납니다. 인간은 참으로 신들과 유사합니다. 그러니까 신들 못지않은 환영幻影입니다. 드리아스는 우리가 나무에 대해 아는 모든 사실을 축약한 상징인데, 우리는 '허깨비'에 불과한 이것을 나무의 모든 사실들을 다스리고 지배하는 신비로운 실체로 어리석게 오인했습니다. 이와 같이 인간의 '정신'이나 '의식'도, 그의 행동에 대한 검증 가능한 특정한 사실들을 축약한 상징, 즉 우리가 실체로 오인했던 상징입니다. 우리가 나무를 의인화하는 나쁜 습관을 고친 것처럼, 이제 인간을 의인화하는 나쁜 습관을 고쳐야 합니다. 정치 분야에서는 이미 이런 개혁이 시행되었습니다. 객관 계좌가 상실했던 항목들을 옮겨 넣을 수 있는 주관의 계정계좌는 처음부터 존재한 적이 없습니다.

1) Dryad. 나무 님프.
2) animism. 만물에 영혼 또는 정령이 깃들어 있다는 신앙.

모든 잃어버린 신들, 색깔들, 개념들을 이미지나 사적 경험으로 담아둘 '의식'은 존재하지 않습니다. 의식은 "그런 식으로 쓸 수 있는 종류의 명사가 아닌" 것입니다.

우리는 이 오류가 언어적 오류였음을 이해하게 되었습니다. 이전의 모든 신학, 형이상학, 심리학은 전부 잘못 쓴 문법의 부산물이었습니다. 막스 뮐러의 공식('신화는 언어의 질병이다')*이 이처럼 그가 생각했던 것보다 적용 범위가 넓어진 상태로 다시 돌아옵니다. 심지어 우리는 이런 것들을 상상한 적도 없습니다. 그저 혼란에 빠진 채로 말하고 있었을 뿐입니다. 인류가 이제껏 대답을 찾고자 깊이 관심을 갖고 물었던 모든 질문들이 답이 없는 문제로 드러납니다. 그 질문들의 답이 "신의 비밀goddes privitee"**처럼 우리에게 숨겨져 있어서가 아니라, 질문 자체가 "런던브릿지에서 성탄절까지 얼마나 떨어져 있지?"처럼 이치에 맞지 않기 때문입니다. 우리가 여인이나 친구를 사랑했을 때 사랑한다고 생각했던 대상은 굶주린 선원들이 수평선에서 본다는 유령선 같은 허깨비조차 되지 못하는 것이었습니다. 그것은 말장난이나 '언어로 위장된 궤변*sophisma per figuram dictionis*'에 가까운 것이었습니다. 그것은 사람이 '나 자신myself'과 '나의 안경my spectacles'

* Friedrich Max Müller, *The Science of Language*(1864), Second Series, Lecture viii on 'Metaphor'.

** Geffrey Chaucer, *The Canterbury Tales*, The Miller's Prologue, line 3164.

의 언어적 유사성에 속아 아침에 침실을 나오면서 '자아'를 호주머니에 넣으려고 주위를 둘러보는 일과도 같습니다. 그것이 낮에 필요할지 모른다고 생각하면서 말이지요. 우리가 친구들에게 옛 의미의 '자아'가 없음을 발견하고 슬퍼한다면, 드레싱테이블 근처에서 자신의 '자아'를 찾지 못하고 쓰라린 눈물을 흘리는 사람의 행동과 다르지 않을 것입니다.

이런 과정들로 인해 우리는 무無에 가까워지는 드문 결과에 이릅니다. 우리는 세상을 거의 아무것도 아닌 것으로 축소시켜 가면서도, 그 와중에 세상이 잃어버린 모든 특성은 "우리 정신 속 물건들"로 (다소 초라해진 상태로나마) 안전하게 지켜지고 있다고 상상하며 스스로를 속였습니다. 그런데 우리에게는 그 일에 필요한 종류의 정신이 없었던 것 같습니다. '주관'은 '객관'만큼이나 비어 있습니다. 거의 아무것도 아닌 사람이 거의 아무것도 아닌 것에 대해 언어적 오류를 범해 왔던 것입니다. 대체로 이것이 이제껏 벌어진 상황의 진상입니다.

그런데 이 결론의 문제는 그저 우리 감정에 거슬린다는 점이 아닙니다. 이 결론은 우리 감정에 언제나 거슬리지도 않고, 모든 사람의 감정에 거슬리지도 않습니다. 이 철학은 다른 모든 철학이 그렇듯 나름의 즐거움을 줍니다. 제가 볼 때 이것은 정부의 입맛에 딱 맞을 듯합니다. 옛날의 '자유 운운하던 말'에는 국민 개개인의 내면에도 통치자의 내면처럼 하나의 온전한 세상이 있고 각 사람은 그 모든 세상의 중심이며 그에게 세상은 끝없는 고통과 기쁨이 담길 만큼

넓은 곳이라는 생각이 뒤섞여 있었습니다. 그러나 이제 그의 '내면'이라고는 배를 갈랐을 때 볼 수 있는 부분밖에 없습니다. 제가 누군가를 산 채로 불태워야 하는 상황이라면, 이런 철학을 편안하게 여길 것입니다. 우리 대부분에게 이런 철학이 안겨 주는 진짜 어려움은 물리적 어려움과 비슷합니다. 아무리 애를 써도 우리 정신을 이 철학이 요구하는 비틀린 상태로 유지하는 것은 단 10초도 불가능하지요. 그리고 공정하게 말하자면 이 철학의 위대한 선조에 해당하는 흄Hume은 우리에게 그런 시도를 하지 말라고 경고했습니다. 그는 대신에 백개먼[3]을 권했지요. 백개먼을 한 판 하고 나서 이 이론으로 돌아와 보면, 이것이 "시시하고 억지스럽고 터무니없음"을 알게 될 것이라고 기꺼이 인정했습니다.* 그리고 만약 우리가 정말로 허무주의를 받아들여야 한다면, 당연히 그에 따라 살아야 할 것입니다. 당뇨병이 있으면 인슐린을 주입해야 하는 것과 같습니다. 그러나 당뇨병도 없고 인슐린 주사도 없이 지낼 수 있다면 더 좋습니다. 결국 거듭거듭 (그리고 점점 더 많은) 백개먼을 해야만 버틸 수 있는 이 철학에 다른 대안이 있다면, 대부분의 사람이 그 대안을 들어 보고 싶어 할 겁니다.

백개먼 없이 이 철학에 따라 사는 한 가지 방법이 분명히 있(다고

3) 주사위 2개를 이용한 보드게임의 일종.

* David Hume, *A Treatise of Human Nature*(1739–1740), Book I, Part iv, section vii.

들었)지만, 그것은 사람이 시도하고 싶어 할 만한 방법이 아닙니다. 제가 듣기로 이 허무주의적 견해가 정말 신빙성 있게 되는 정신이상 상태, I. A. 리처즈 박사의 표현에 따르면 '믿음의 느낌들'이 따라오는* 상태가 존재합니다. 이런 상태의 환자는 아무것도 아닌 이들과 아무것도 아닌 것들의 세계에서 아무것도 아닌 존재가 되는 경험을 합니다. 여기에서 회복된 이들은 이 상태가 대단히 불쾌하다고 말합니다.

인간이 신들을 만나는 살아 있는 우주에 있던 우리를 거의 아무것도 아닌 이가 거의 아무것도 아닌 것에 대한 자신의 오류를 발견하는 궁극의 공허로 이끄는 과정을 저지하려는 시도는 당연히 있었습니다. 공허로 가는 이 과정은 모든 단계에서 반대에 부딪혔습니다. 많은 지연작전이 감행되었고, 그중 일부는 지금 이 순간에도 이루어지고 있습니다. 그러나 그것은 정해진 흐름을 저지하기 위한 싸움이었을 뿐, 흐름을 뒤집으려는 시도는 아니었습니다. 하딩 씨의 책이 너무 중요한 이유가 바로 여기에 있습니다. 이 책이 '효과가 있다'면, 우리는 역전의 시작을 보게 될 것입니다. 이 책은 여기서 맞서고 저기서 저항하는 정도가 아니라, 질문 전체를 다시 시작하려는 생각의 시도를 담고 있습니다. 그리고 우리에게 이런 유형의 시도만이 도움이 되리라는 확신이 먼저 듭니다. 우리를 허무주의로 이끈 치명적

* *I. A. Richards, Principles of Literary Criticism*(1924), chapter XXXV.

미끄러짐은 맨 처음에 발생했음이 분명하니까요.

물론 그 '부패'가 시작되기 이전부터 있었던 애니미즘으로 돌아가는 일은 있을 수 없습니다. 철학이 시작되기 전, 비판이 시작되기 전에 있었던 인류의 믿음들이 회복될 수 있다거나 회복되어야 한다고 생각하는 사람은 없습니다. 우리의 문제는 첫 번째 사상가들이 비판의 대상이 된 믿음들을 수정할 때 (수정한 것 자체는 옳았지만) 성급하고 불필요한 양보를 했다는 것입니다. 그 양보에 실제로 뒤따라온 터무니없는 결과를 우리에게 넘겨주는 것이 그들의 의도는 아니었음이 분명합니다. 물론 이런 종류의 오류는 논쟁에서나 혼자 생각할 때도 아주 흔하게 나타납니다. 처음에 우리는 혼란스럽거나 과장된 형태이긴 해도 많은 진실을 담은 견해를 가집니다. 그런데 반론이 제기되면 처음의 견해를 철회합니다. 하지만 몇 시간 뒤, 우리는 목욕물과 함께 아기까지 버렸다는 것과 원래의 견해가 특정한 진리들을 담고 있었다는 것, 그리고 그런 진리들이 없어서 지금 우리가 불합리한 상태에 얽매여 있음을 깨닫습니다. 여기서도 그렇습니다. 우리는 우주에서 드리아스와 신들(이들이 이전 상태로는 '유효하지 않을 것'이라는 점은 분명합니다)을 비워 내면서 우리 자신을 포함한 우주 전체를 내버린 것 같습니다. 우리는 되돌아가서 처음부터 다시 시작해야 합니다. 이번에는 성공 확률이 더 높습니다. 앞서의 논증 과정에서 파멸적 노선을 따르느라 내버렸던 모든 구체적 진리와 여러 개선된 방법을 이제는 사용할 수 있기 때문입니다.

이 책과 같은 형태로 제시된 하딩 씨의 시도가 효과가 있을지 없을지 제가 아는 체한다면 그것은 허세일 겁니다. 효과가 없을 가능성이 상당히 높습니다. 달로 가는 첫 번째 로켓, 또는 스물한 번째 로켓이 무사히 착륙하기를 기대하기는 힘듭니다. 그러나 이 책은 시작입니다. 나중에 이 책이 믿을 만한 행위자와 목격자가 거주하는 믿을 만한 우주를 우리에게 되돌려 줄 어떤 체계의 머나먼 조상 정도로 드러난다 해도, 여전히 참으로 아주 중요한 책이 될 것입니다.

또 이 책은 특정 이론서에 대한 우리의 최종적 동의 여부와 어느 정도 별개로 만나는 상쾌하고 만족스러운 경험을 제게 안겨 주었습니다. 그 경험은 어떤 체계, 특히 우리가 거부하는 체계를 옹호하는 열등한 이들의 글을 읽다가 그 체계에서 위대한 학자의 글을 볼 때 우리에게 일어났던 일을 기억하면 쉽게 이해할 수 있습니다. 저는 평범한 '실존주의자들'의 글에서 사르트르의 글로 넘어갈 때 이와 같은 경험을 했습니다. 칼뱅주의자들의 글에서 《기독교 강요》로, '초절주의자들'의 글에서 에머슨[4]의 글로, '르네상스 플라톤주의'에 대한 책들에서 피치노[5]의 글로 넘어갈 때도 같은 경험을 했지요. 거장들의

4) Ralph Waldo Emerson, 1803-1882. 미국의 초절주의 시인. 동서양 정신을 통합했다고 알려지며, 미국의 시대정신을 대표하는 인물로 꼽힌다.

5) Marsilio Ficino, 1433-1499. 이탈리아의 신학자, 철학자. 플라톤 및 플라티노스 연구와 번역에 전념했고, 플라톤 철학과 기독교의 일치를 주장하였다. 이탈리아 르네상스 사상에 영향을 준 플라톤 아카데미를 주도했다.

글을 읽고도 여전히 그 내용에 동의하지 않을 수 있지만 (저는 방금 거명한 모든 저자들과 진심으로 의견을 달리합니다) 사람들이 왜 그들에게 동의하게 되었는지 처음으로 알게 됩니다. 그것은 새로운 공기를 호흡한 일, 새로운 나라에 자유롭게 출입할 수 있게 된 일과도 같습니다. 그곳은 우리가 살 수 없는 나라일 수도 있지만 이제는 그 나라 사람들이 왜 그곳을 사랑하는지 압니다. 그 체계 안에 들어가 봤기 때문에, 이후에는 다른 모든 체계도 조금은 다르게 보게 될 것입니다. 이런 관점에서 볼 때 철학에는 예술 작품과 비슷한 특성이 있습니다. 저는 여기서 그런 특성의 표현 수단이 될 수도 있고 안 될 수도 있는, 문학 예술의 문예적 측면을 말하는 것이 아닙니다. 제가 말하는 것은 자기동일성*ipseitas*, 즉 사고와 사고 범주들 간의 특별한 균형과 패턴 형성이 만들어 낸 고유의 일치된 효과입니다. 그로 인한 즐거움은 헤세의 유리알 유희(동명의 책에 나오는 유희)가 실제로 존재할 수 있다면 그 유희가 안겨 줄 즐거움과 아주 유사합니다.* 하딩 씨 덕분에 저는 그런 종류의 새로운 경험을 했습니다.

* 헤르만 헤세의 《유리알 유희*Das Glasperlenspiel*》(1943)는 R. & C. 윈스턴이 *The Glass Bead Game*(London, 1970)이라는 제목으로 영어로 번역했다.

XVI

점잔 빼기와 문헌학

The Spectator, 1955. 1. 21.

최근 문학에서 외설이라 불리는 것에 대해 많은 논의가 있었습니다. 이 논의는 (아주 자연스럽게) 외설을 주로 법적 도덕적 관점에서 다루었습니다. 그러나 이 주제는 구체적인 문학적 문제도 하나 만들어 냅니다.

인간의 벗은 몸을 그리는 일, 눈으로 볼 수 있는 부분은 아무것도 빠뜨리지 않고 자세히 담아낸 누드화를 수치스럽게 여긴 사회가 있기는 했지만 그 수는 아주 적었습니다. 반면 똑같은 대상을 글로 똑같이 자세히 묘사하는 일이 허용되었던 사회는 아주 적었습니다. 자의적으로 보이는 이런 구분의 원인은 무엇일까요?

이 질문에 대답을 시도하기에 앞서, 이 구분의 존재 자체가 널리 받아들여지는 한 가지 오류를 제거해 준다는 점을 지적해야겠습니다. 이 구분은 문학에서 '외설'이라 불리는 많은 부류에 대한 반대가 순전히 도덕적인 것만은 아님을 증명합니다. 만약 반대자들의 관심사가 성욕을 자극할 것 같은 표현을 금지하는 데만 있었다면, 그려낸 누드도 글로 묘사한 누드만큼이나 널리 금지해야 할 것입니다. 아니, 그려낸 누드를 더 반대해야 할 것 같습니다. '*segnius irritant*'[1],

즉 눈에 보이는 내용이 귀에 들리는 내용보다 사람을 더 움직인다 했지요. 어떤 책들과 그림들은 순전히 도덕적 근거에서 '도발적'이라는 비난을 받은 것이 사실입니다. 그러나 지금 저는 그런 특별한 사례들을 말하고 있지 않습니다. 저는 일반적으로 화가에게는 허용되지만 작가에게는 허용되지 않는 사항에 대해 말하고 있습니다. 여기에는 정절에 대한 관심 이외의 것이 관여된 것 같습니다.

다행히 이 구분이 존재하는 이유를 알아낼 아주 쉬운 방법이 있습니다. 실험을 해보면 됩니다. 앉아서 자신의 누드화를 그려 보십시오. 누드화를 다 그렸으면, 펜을 꺼내서 누드화를 글로 묘사해 보십시오.[1] 글을 마치기 전에 당신은 그림을 그릴 때는 존재하지 않았던 문제에 직면하게 될 것입니다. 잘 언급되지 않는 신체 부위에 이르면 어휘를 선택해야 하는데, 선택지가 유아어, 의고체擬古體, 밑바닥 단어, 과학 용어, 이렇게 넷뿐임을 알게 되는 것이지요. '손'이나 '코' 같은, 일반적이고 중립적인 단어는 찾지 못할 겁니다. 그리고 이 상황은 아주 골치 아파집니다. 이 네 부류 중에서 한 단어를 쓰면 글에 특유의 어조가 부여될 것입니다. 하지만 좋든 싫든 유아어, 의고체, 비속어, 전문용어 중 하나를 써야 합니다. 그리고 어떤 단어를 쓰든 당

1) 호라티우스의 《시학》에 나오는 글귀로, 전문은 '귀로만 배우는 것은 믿음직한 눈에 비친 것만큼 마음에 인상을 남기지 못한다*segnius irritant animos demissa per aurem, quam quæ sunt oculis subjecta fidelibus*'이다.

신이 글의 소재에 특정한 태도를 갖고 있음을 암시할 수밖에 없습니다(그럴 의도가 없었다 해도). 당신이 선택하는 단어에 따라 대상을 유치하게, 예스럽게, 경멸적으로, 또는 순전히 과학적 관심사로 생각하는 것처럼 글을 쓰게 될 것입니다. 사실 단순 묘사는 불가능합니다. 언어를 쓰면 암묵적 논평을 피할 수 없습니다. 그림에서는 논평을 할 필요가 없었습니다. 당신은 선線이 스스로를 대변하도록 내버려 두었지요. 물론 저는 아주 단순한 수준의 데생을 말하는 것입니다. 진짜 화가가 완성한 작품은 무엇인가에 대한 논평을 담고 있을 것이 분명합니다. 요점은 우리가 선線 대신 글을 사용할 때 단순 데생에 대응하는 것이 존재하지 않는다는 겁니다. 펜은 언제나 연필보다 더 적은 일과 더 많은 일을 동시에 합니다.

이것은 결국 문학에 관한 모든 사실 중에서 가장 중요한 것이 됩니다. '시는 그림과 같다*ut pictura poesis*'는 말은 그야말로 엉터리 격언입니다. 우리는 세상의 모든 것이 문학이 될 수 있다는 말을 가끔 듣습니다. 그것은 어떤 의미에서는 사실일 겁니다. 그러나 그것이 위험한 진실이 되지 않으려면, 글 외에는 어떤 것도 문학이 될 수 없다, 또는 (이렇게 말하는 게 더 낫다면) 글이 되지 않고서는 어떤 것도 문학이 될 수 없다는 진술을 추가하여 균형을 맞추어야 합니다. 그리고 글에는 다른 모든 매체와 마찬가지로 나름의 힘과 한계가 있습니다. (가령 글은 가장 단순한 기계를 묘사하는 일에도 거의 전적으로 무능합니다. 나사나 가위가 어떤 물건인지 누가 글로 설명할 수 있겠습니까?)

이런 한계 중 하나는 어떤 것들의 (유치한 이름, 의고체 이름, 또는 과학적 이름과 구분되는) 일반 명칭이 '외설스러운' 단어라는 것입니다. 외설스러운 것은 단어의 대상이 아니라 단어 자체입니다. 그 단어들은 오랫동안 모욕, 경멸, 저속한 농담용으로 구별되었습니다(또는 더럽혀졌습니다). 그 단어들을 쓰면 빈민가, 군대 막사, 사립 기숙학교의 전체 분위기가 따라옵니다.

물론 이런 사태—특정 대상들을 가리키는 중립적이고 간단한 단어가 없는 상황—는 귀중한 점잔 빼기의 결과라고 말할 수 있습니다. 무지한 사람들이 말하는 '빅토리아적' 또는 '청교도적' 점잔 빼기가 아니라, 틀림없이 기독교 이전의, 어쩌면 태곳적부터 있었던 점잔 빼기의 결과라고 말입니다. (베르길리우스의 글에서 동시대 사람들이 발견했던 '외설적 대목들'에 대한 퀸틸리아누스[2)]의 설명은 두 눈이 번쩍 뜨이게 합니다. 빅토리아 시대의 어떤 작가도 외설 문제에 그렇듯 적절한 입장을 보여 주지 못했습니다.) 현대의 작가가, 데생 연필에 거의 언제나 허용되었던 것 같은 전적인 자유를 펜으로 쓰는 진지한 글(희극 작품은 전혀 다른 문제입니다)에 도입하고 싶어 할 경우, 영국법의 국지적 (그리고 바라건대 일시적) 규정보다 훨씬 더 강력한 적수를 상대하게 됩니다. 그의 시도는 정신의 구조 전체를 갈기갈기 찢으려는 일입니다. 그 시도가 성공할 수 없다거

2) 35?-95?. 로마의 수사학자, 교육자.

나, 비뚤어진 것이라는 말이 아닙니다. 그러나 그런 거대한 시도에 착수하기에 앞서, 두 가지 질문을 던져 볼 필요가 있습니다.

첫째, 그 일이 그만 한 가치가 있을까요? 좋은 작가들이 할 만한 더 나은 일이 있지 않을까요? 물론 현재의 법과 (그만큼 쉽게 말할 수 없는) 취향은 유능한 작가가 하고 싶은 말 하는 것을 막을 수 없으니까요. 우리 동시대 작가들이 어떤 주제로든 법망을 회피하는 글을 쓸 수 없을 만큼 자신의 재료를 능숙하게 다루지 못한다고 생각한다면, 그들의 기술적 역량을 모욕하는 일일 것입니다. 아마 많은 이들이 이런 회피를 수치스럽게 여길 것입니다. 하지만 그럴 이유가 어디 있습니까? 동시대의 감수성도 언어와 마찬가지로 작가에게 주어진 원재료의 일부입니다. 회피(이 단어의 어감이 별로라는 점은 저도 인정합니다)는 작가가 재료를 다룰 때 생기는 다른 어려움에 대한 '대응'보다 못한 일이 아닙니다. 위대한 작품이 까다로운 운율이라는 조건 아래 만들어질 수 있다면, 또 다른 종류의 까다로운 제약 하에서라고 못 만들어 낼 이유가 무엇입니까? 작가들이 대중의 취향에 지나친 악담을 퍼붓는다면(어느 정도의 악담이야 허용할 수 있겠지만) 그것은 그들의 어떤 부족함을 드러내는 일이 아닐까요? 그것은 먼저 복종함으로써 사용하고 마침내 변화시켜야 하는 대상을 폄하하는 것이니까요.

둘째, 그런 시도를 통해 얻을 것보다 잃을 것이 더 많지 않을까요? 모든 '점잔 빼기'를 제거하는 것은 생생한 감수성의 한 영역을 없애고 인간의 한 가지 감정을 지우는 일이 분명하니까요. 진부하고 활력 없는 중립적 단어들이 이미 충분한 판국에 그런 단어의 수를 늘리기 원하십니까? 엄격한 모럴리스트는 옛 사람들이 우리의 일부 신체 기능에 대해 말을 아끼는 바람에 그에 대한 궁금증과 색욕이 생겨났으니(쇼Shaw의 작품에 나오는 소녀는 이렇게 말했습니다. "외설이 없이 품위를 설명하기란 불가능하다.") 그런 점잔 빼기는 빨리 폐지될수록 좋다고 주장할 수도 있을 것입니다. 하지만 그의 주장이 옳을까요? 점잔 빼기에서 선한 것은 하나도 나오지 않았을까요? 세상의 농담 중 4분의 3이 거기서 태어났습니다. 글에서 품위의 기준을 제거하면, 둘 중 한 가지 결과가 따라올 것입니다. 아리스토파네스, 초서, 라블레가 쓴 대부분의 작품을 보고 다시는 웃지 못하게 될 수 있습니다. 그들의 농담은 언급할 수 없는 것을 언급한다는 사실에 부분적으로 기대고 있기 때문입니다. 아니면 끔찍한 일이지만, 우리가 펍의 바에서 들었던 구전 이야기fableau(늘 천하거나 호색적인 내용만 있는 것은 절대 아니었고 종종 진짜 유머와 전통예술이 가득했습니다)가 사라지고 기록된 전문적 이야기fableaux가 그 자리를 차지할 것입니다. 50년 전에 우리가 즐겼던 실내 놀이[3]를 이제 전문가들이 우리 대신 '방송에서' 즐기는 것과 같습니다. 흡연실의 잡담이 마지막 남은 아주 시원찮은 민속예술이라는 점은 저도 인정합니다. 그러나 그것은 그나마 우리에게

3) parlour games. 논리나 말놀이, 퀴즈 게임처럼 실내에서 할 수 있는 놀이.

남은 유일한 민속예술입니다. 작가들이 어휘의 제약을 약간 감수하더라도 그것을 기꺼이 보존하려 해야 하지 않을까요?

XVII
중간보고

The Cambridge Review, 1956. 4. 21.

[이것은 옥스퍼드와 케임브리지를 모두 겪어 본 저자들이 두 대학교를 비교하며 〈케임브리지 리뷰〉에 연재한 첫 번째 글이다. 루이스는 1925년부터 1954년까지 옥스퍼드 모들린 칼리지Magdalen College 영어영문학과 개인 지도 교수로 있었다. 개인 지도 외에 대학교 강의도 해야 했다. 그리고 1955년 1월에 케임브리지에서 중세 르네상스 영문학 정교수로 직무(강의는 있지만 개인 지도는 없었다)를 시작했다. 이 교수직은 케임브리지 모들린 칼리지Magdalene College에 소속돼 있다.]

저의 새 대학교와 옛 대학교를 비교하는 데 있어서 큰 어려움은, 대학교 자체의 차이점과 두 대학에서 제가 보낸 생활의 차이점을 구분하기 어렵다는 데 있습니다. 소속 대학의 변화와 지위의 변화가 동시에 일어났으니까요. 옥스퍼드에서 저는 분주한 대학 강사였고, 여기서는 교수직을 맡고 있습니다. 이것은 엄청난 변화인지라 다른 모든 변화를 지워 버리는 경향이 있습니다. 여기에다 새로운 삶의 방식과 새로운 경치가 50대 남자에게 일반적으로 안겨 주는 원기 회복을 더해 보십시오. 이런 요인들은 저의 시야를 왜곡시킬 수밖에 없습니다.

그러므로 먼저 단순하고 외적이고 분명하게 객관적인 것부터 이야기하겠습니다. 케임브리지의 첫 번째 특징이자 가장 분명한 사실은 한 가지 영광스러운 부재입니다. 이곳에는 너필드 경이 없습니다.* 이러니저러니 해도 결국 이곳은 여전히 시골 마을입니다. 안도감과 해방감이 거의 매일 새롭게 밀려옵니다. 어떤 면에서는 으스스한 안도감입니다. 과거가 다시 나타난 것 같은 기분이 들기 때문입니다. 현대의 옥스퍼드는 '카울리의 라틴 구역'이라고 불려 왔습니다. 정당한 호칭이지요. 케임브리지는 제가 처음 접했던 옥스퍼드와 아주 비슷합니다. 제가 이렇게 생각하는 데는 또 다른 요인이 있습니다. 저는 옥스퍼드의 작은 칼리지에서 자랐고, 이제 더없이 감사하고 행복하게도 케임브리지의 작은 칼리지에서 거주한다는 것입니다. 부산한 옥스퍼드 모들린에서 오래 지내다가 케임브리지로 옮기니 가마솥에서 아이손[1]과 함께 있다 젊어진 것 같은 기분이 듭니다. 제가 옥스퍼드의 모들린과 케임브리지의 모들린만 놓고 두 학교를 판단한다면,

* 나중에 너필드 경이 되는 윌리엄 리처드 모리스(1877-1963)는 1913년에 옥스퍼드 중심부에서 3킬로미터 정도 떨어져 있고 루이스의 집에서 1.6킬로미터 정도 떨어진 카울리에 자동차 공장을 열었다. 모리스모터스사社는 1930년대부터 죽 카울리를 장악했고 옥스퍼드를 대학교이자 산업도시로 만들었다.

1) 아르고스호를 이끌고 황금 양털을 찾는 모험을 떠났던 영웅 이아손의 아버지. 이아손의 아내 메데이아가 가마솥에 온갖 진기한 약초를 끓여 그를 회춘시킨다.

두 곳에 대해 제가 들었던 모든 내용을 반대로 적용하면 그대로 사실이라고 말하고 싶습니다. 옥스퍼드는 진보적이고 혁명적이고 실용적이었고, 케임브리지는 위엄 있고 너그럽고 관대하고 전통적입니다. 그리고 우리가 중세의 마지막 마법을 발견하는 곳은 옥스퍼드가 아니라 이곳 케임브리지입니다. 이것은 너무 성급한 일반화일 것이 분명합니다. 하지만 여기에는 모종의 사실이 담겨 있습니다. 케임브리지가 더 화려하거든요. 야회용 정장을 더 자주 입고, 연회도 더 훌륭합니다.

무게는 덜 하지만 좀 더 중요한 문제로 넘어가자면, 케임브리지에는 옥스퍼드와 정반대인 부분이 또 하나 있습니다. 제가 보기에 케임브리지의 매우 특이한 점 하나는 그 철학자[2)]의 부재입니다. 물론 위대한 케임브리지 철학자들이 있었고 지금도 있습니다. 현재의 옥스퍼드 철학은 대체로 케임브리지 철학의 성공적 침공에 해당한다고 말할 수 있습니다. 그러나 이 사실은 그의 부재와 모순되지 않는 듯 보입니다. 저는 이곳에서 철학자를 거의 만나지 못합니다. 더욱 더 중요한 점은, 옥스퍼드에서는 물리적으로 부재하는 그 철학자가 실질적 영적으로 대학을 지배하는 반면 케임브리지에서는 다르다는 것입니다. 케임브리지 교수들과 저녁 내내 이야기하면서도 'quā'라는 단

2) 플라톤.

어를 한 번도 못 들을 수 있습니다. 틀림없는 고전학자들인데도《국가》와《니코마코스 윤리학》*을 공통 기반으로 생각하지 않는 이들도 만날 수 있습니다. 그들은 이 두 책(각각 옥스퍼드 인문주의의 왼쪽 폐, 오른쪽 폐에 해당합니다)이 다른 여느 고전 텍스트와 다를 바 없는 것처럼 행동합니다. 이것은 충격적이고 신선한 태도입니다(개인적으로 저는《국가》가 옥스퍼드에서 누리는 지위가 과분하다고 늘 생각했습니다). 나중에 저는 옥스퍼드에서 철학이 차지했던 자리를 케임브리지에서는 다른 것이 차지하고 있음을 발견했습니다. 그 분야는 그것을 탄생시킨 학과를 넘어 모든 학과에 스며들었고, 야심이 있는 신입생이라면 그에 대해 뭐라도 배워야 합니다. 그것은 바로 '문학 비평Literary Criticism'(두 단어 모두 최대한 큰 대문자로 시작해야 합니다)입니다. 옥스퍼드에서는 그 철학자에게서 결코 벗어날 수 없었다면, 이곳에서는 그 비평가에게서 결코 벗어날 수 없습니다.

두 대학교에서의 종교에 대한 제 생각을 다들 물어보시니 이 주제에 관해 뭔가 말해야 할 것 같습니다. 마침 그것은 제게 아주 확고하고 아주 이상한 인상을 남겼는데, 조급한 생각일 수 있다는 점은 전적으로 인정합니다. 제가 받은 인상이 어느 정도나 가치 있을지 모르겠지만 한번 설명해 보겠습니다. 모종의 기독교를 받아들이

* 플라톤의《국가》와 아리스토텔레스의《니코마코스 윤리학》.

고 신앙생활을 하는 교수와 학부생의 비율은 옥스퍼드보다 케임브리지가 더 높은 것 같습니다. 우연히 말을 나누게 된 상대가 당연히 불신자이리라는 생각이 틀릴 확률은 케임브리지가 더 높습니다. 그러나 이곳에서 불신이 모습을 드러낼 때는 옥스퍼드의 경우와는 비교할 수 없이 전투적이고 자의식이 강하고 체계적이고 깊은 관심이 드러나는(심지어 흥분하는) 것 같습니다. 옥스퍼드에서 저는 신의 존재를 믿지 않는 수십 명의 사람들과 알고 지냈습니다. 그러나 신에 대한 그들의 불신은 레프라혼[3]이나 비행접시에 대한 불신 정도의 수준이었습니다. 그들은 그 주제에 대해 거의 얘기하지 않았습니다. 그들의 회의주의는 느슨하고 힘이 빠져 있고 당연시되었습니다. 옥스퍼드에서 신이 없다는 한 가지 명제에 대한 동의를 기반으로 협회나 '운동'을 설립할 수는 없을 것 같습니다. 옥스퍼드에 무신론자들이 더 많다는 저의 생각이 옳다면, 그들의 느긋한 태도도 이해할 수 있습니다. 개의치 않아도 될 만큼 세력이 충분히 강했던 것이지요. 그러나 이것이 상황의 전부일 것 같지는 않습니다. 옥스퍼드 회의주의와 케임브리지 회의주의는 계보가 다르다는 생각을 떨칠 수 없습니다. 옥스퍼드 불신자의 아버지는 개인적으로 믿지 않지만 겉으로는 19세기 성공회 교인으로 행세했던 사람이고, 할아버지는 부주교이

3) leprechauns. 아일랜드의 요정.

지 않았을까 싶습니다. 한편 케임브리지 불신자의 배후에는 유니테리언 아버지, 비국교도 할아버지, 그 위로는 크롬웰 지지자, 끝으로는 카트라이트 유형의 청교도*가 있지 않을까 싶습니다. 그는 박해를 골똘히 생각합니다(이 문제에서 그는 자신이 생각하는 것보다 더 양면적입니다). "가차 없이 고통을 가하고 끈질기게 견딥니다." 그는 (아주 적절하게도) 자유에 많은 관심을 갖습니다. 반反성직자주의 성향이 강합니다. 가끔은 로드Laud나 메리 여왕**이 언제라도 다시 나타날 수 있다고 정말 믿는 것처럼 보입니다. 옥스퍼드에서 케임브리지로 새로 온 사람에게 이것은 처음에 다소 당혹스럽게 보이지만, 여기엔 나름의 방식으로 훌륭한 면이 있습니다. 이 모든 열정이 지금 정말로 우리의 자유를 위험에 빠뜨리는 이들에게로 향할 수 있다면 대단한 가치가 있을 것입니다. 저로 말하자면 경박한 자들보다는 맹렬한 자들이 낫다고 봅니다. 경박은 한때(지금은 좀 덜합니다만) 옥스퍼드 특유의 역병

* Thomas Cartwright, 1535-1603. 청교도 성직자. 1550년에 케임브리지 세인트존스 칼리지의 장학생으로 뽑혔는데, 당시 케임브리지는 종교개혁 교리를 지지하고 있었다. 그는 1569년에 케임브리지의 레이디 마거릿 신학교수로 임명받았다. 하지만 성공회 조직을 격렬히 비판한 끝에 교수직을 상실했다. 제네바에 잠시 머문 후, 장로교를 발전시키고 청교도의 대의를 증진하는 데 적극 참여했다.

** William Laud, 1573-1645. 세인트 데이비드 대성당 주교로 있을 때 참여한 논쟁에서 로마 가톨릭 교회와 영국 성공회가 동일한 가톨릭 교회의 일부라고 주장했다. 1633년에 캔터베리 대주교가 되었고, 예배의 통일성을 부과하려 시도하다가 청교도들의 강력한 반발을 샀다. Mary Tudor, 1516-1558. 헨리 8세와 아라곤의 캐서린의 딸이고 1553년에 영국 여왕이 되었다.

이었습니다. 그곳에는 대단히 지루할 수 있는, 바닥을 모르는 도회풍이라는 것이 있으니까요.

우리 선조들이 '예절'이라 불렀을 사회적 풍토 면에서 두 대학 사이에 몇몇 차이점이 보이기 시작합니다. 그러나 이 차이점을 제시하기에 앞서 오해의 소지를 줄이기 위해 최대한 강력하게 말해야겠습니다. 넓은 시각에서 보면 이것은 아주 작은 차이임을 말입니다. 근대에 세워진 영국의 다른 대학이나 미국 또는 유럽 대륙 대학 출신의 누군가와 5분간만 대화를 나눠 보면, 세상의 모든 대학 중에 케임브리지와 옥스퍼드만큼 서로 비슷한 학교는 없다는 사실이 아주 분명해질 것입니다. 오랜 시간에 걸쳐 두 학교 모두에 익숙해진 사람만이 둘 사이의 차이점을 알아볼 수 있습니다. 두 대학교는 애정이 넘치는 부모만 구별할 수 있는 쌍둥이와 같습니다. 이것을 증명할 수 있는 사실이 있습니다. 유명한 케임브리지의 '괴짜들'에 대해 제가 요즘 듣고 있는 이야기는 한때 유명한 옥스퍼드의 '괴짜들'에 대해 제가 들었던 이야기들과 일부 겹칩니다. 어쩌면 그 이야기들에 똑같은 거짓이 담겨 있을 수도 있겠지만 똑같이 타당한 면이 분명히 있습니다. 거짓과 진실이 섞여 있을 수도 있구요. 그리고 저는 실제로 그런 괴짜들을 만났습니다. '나이든 위대한' 교수들 말입니다. 그들은 무뚝뚝하고, 외설스럽고, (구식 의미에서) '익살꾼'인 데다, 깊이를 알 수 없는 박식함을 갖고 있었습니다. 그리고 대단히 친절하면서도 (결점 없는 완벽한 사람은 없으니) 가차 없이 남을 놀려 대는 이들이었습니다.

학교를 옮기고 나서 저는 이런 이들을 다시 보지 못하게 될까 봐 우려했습니다. 이 우려에 대해서는 케임브리지에 사과해야만 하겠습니다. 하지만 케임브리지 사람이 옥스퍼드로 옮길 때도 똑같은 걱정을 하지 않을까요? 이 우려는 잘못된 것으로 멋들어지게 드러났습니다. '당신이 찾는 것이 여기에 있다*quod quaeritis hic est*'*, 순수하고 멋진 옥스브리지는 인문학 연구의 절묘한 꽃, 영국의 탁월한 업적의 산실입니다.

이런 큰 유사성 뒤로 작은 차이점들이 있습니다. 옥스퍼드 교수는 기혼이든 미혼이든 상관없이 케임브리지 교수보다 더 독신자처럼*en garçon* 생활하는 것 같습니다(이것은 사람마다 다르고 저의 오해일 수도 있습니다). 펍과 칼리지 식당 주빈석에서 오랫동안 만난 이후에 그 사람의 집에 초대받는 경우가 있습니다(저는 옥스퍼드에서 이것 때문에 당황하고 상처받은 젊은 외국인들을 알고 있습니다). 또 옥스퍼드에는 대학교

* 루이스는 왜 라틴어를 사용했을까? 오언 바필드는 루이스가 마태복음 28장 5-6절을 "슬쩍 인유"하려 했을 수 있다고 생각한다. 불가타역(라틴어 역본)에서 천사는 빈 무덤에 있던 여인들에게 이렇게 말한다. "두려워말라. 너희가 십자가에 못 박히신 예수를 찾고 있는 줄 아느니라. 그분은 여기 계시지 않다*Nolite timere vos scio enim, quod Iesum, qui crucifixus est, quaeritis non est hic.*" 던바Miss Nan Dunbar는 루이스가 호라티우스의 《서간시*Epistles*》의 '불완전하게 기억한 문구'(I권 xi장 29-30)를 염두에 두었을 가능성을 말했다. 호라티우스는 불라티우스에게 이렇게 말한다. "우리는 배와 마차를 수단으로 좋은 삶을 추구하네. 그러나 자네가 찾는 것은 여기 있지 않네*Quod petis hic est*—그것은 작고 거의 버려진 마을에 있네, 자네가 평정을 잃지만 않는다면 말일세*est Ulubrae animus si te non deficit aequis.*"

콤비네이션 룸이 없습니다.[4] 아주 최근까지도 교수 회의나 정장 차림의 만찬에서가 아니면 여성 동료들을 만날 가능성이 낮았습니다. 제가 그런 전통을 부수는 데 작게나마 기여했다고 주장할 수 있을 것 같습니다. 학부 생활에서는 케임브리지의 주니어 콤비네이션 룸보다 옥스퍼드의 주니어 코먼 룸이 더 중요한 역할을 한다고 생각합니다만, 이것은 칼리지마다 다를 수 있겠습니다.

물론 두 대학교의 모든 유사점이 바람직한 것은 아닙니다. 저는 옥스퍼드에서 보았던 두 가지 폐해(적어도 저는 그렇게 생각했습니다)를 여기서 다시 만납니다.

첫 번째 폐해는 섬세하게 다뤄야 하는 문제입니다. 아마 제 능력을 뛰어넘는 섬세함이 필요하겠지만 너무 심각한 문제라 입 다물고 넘어갈 수가 없습니다. 두 대학 모두에서 대다수의 학부생은 아주 좋은 사람들인 것 같습니다. 콤프턴 매켄지[5] 경이 묘사한* 1914년 이전의 학생들보다 훨씬 낫습니다. 그러나 두 대학교 모두에는 제임스 1세 시대 극문학에 악당들로 등장하는 '불평분자들'과 정말 비슷한, 소수의 불행한 젊은이들이 있습니다. 그들은 어떤 원한이나 불

4) University Combination Room. 칼리지 공공 휴게실을 옥스퍼드에서는 '코먼 룸', 케임브리지에서는 '콤비네이션 룸'이라고 부른다.

5) Compton Mackenzie, 1883-1972. 영국의 소설가.

* *Sinister Street*(two volumes. 1913-1914).

만이 있는 것처럼 보입니다. 긴장된 얼굴, 꽉 다문 입, 부릅뜬 눈, 찌푸린 눈썹, 퍼티[6]처럼 칙칙하나 그만큼 매끄럽진 않은 볼. 그들은 무례합니다. 미숙한 젊음의 용서할 만한 투박함(저는 이 부분에서 자기들은 달랐다고 말하는 늙은이들이 싫습니다. 우리 모두 젊고 미숙한 시절이 있었습니다) 때문에 그런 것이 아니라 무례하겠다는 원칙이라도 세운 것 같습니다. '고결함' 또는 그와 똑같이 가증한 다른 미덕을 명분으로 내세우면서 말이지요. 그들은 두 가지 이유에서 중요합니다. 첫째, 그들은 우리의 신입생 선출 방법, 또는 신입생의 수(학문적 과잉생산은 진정한 위험일 수도 있습니다), 또는 교육 사다리의 구조—그 자체로 감탄스러운 것이지만—에 뭔가 잘못이 있을지도 모른다는 우려를 불러일으킵니다. 둘째, 이런 유형의 학생들이 이어진다면 30년 후에는 우리 국가의 삶에서 극도로 파멸적인 요소로 드러나지 않을까 염려가 됩니다. 이들은 장래에 교사나 언론인이 될 이들이고, 최악의 경우에는 학위만 갖춘 취업 부적격자가 될 겁니다. 이들은 큰 해를 끼칠 수 있습니다.

다른 폐해는(제 생각에) '연구'라는 골칫거리입니다. 제가 알기로 지금의 연구 체제는 미국인들을 끌어오기 위해, 과학자들을 모방하기 위해 처음 만들어졌습니다. 그러나 가장 현명한 미국인들은 이미

6) 탄산칼슘분말, 돌가루 등을 전색제로 개어서 만든 반죽형 접착제.

이것에 신물이 났습니다. 그들 중 한 사람이 제게 이렇게 말했습니다. "모든 시민에게 태어난 직후 박사학위를 줘야 할 것 같습니다. 세례나 백신처럼 말이지요." 그리고 인문학의 필요는 자연과학의 필요와는 다르다는 것이 이제 아주 분명해졌습니다. 과학 분야에서 우등 졸업 시험 1등급을 받은 젊은 학생은 본인에게도 그 분야에서도 유용한 방식으로 선임자들의 연구에 제대로 참여할 수 있습니다. 그러나 영어나 현대어 분야에서 우등 졸업 시험 1등급을 받은 학생의 사정은 그렇지가 않습니다. 그 학생은 인간 지식의 총합에 뭔가를 더할 가능성이나 그런 욕구와는 거리가 멀고(그는 이미 그럴 바보가 아닙니다), 인류가 이미 구축한 지식을 더 많이 확보하고 싶어 합니다. 그는 갓 싹트기 시작한 관심사를 따라가려면 알아야 할 것이 얼마나 많은지 이제 막 발견하기 시작했습니다. 그에게는 경제학, 신학, 철학, 고고학이 (그리고 언제나 몇 개의 언어가 더) 필요합니다. 그를 이런 연구에서 잘라 내어 이제껏 누구도 이룬 적이 없는 모종의 작은 연구 안에 가두는 것은 잔인하고 답답한 일입니다. 그렇게 되면 다시는 갖지 못하게 될 세월들을 허비하게 되니까요. 옛 격언이 말하는 대로 "속도는 다 아침에 나는 법"이지요. 이 체제가 유지되는 것은 '연구 학위'가 없으면 학계에서 일자리를 얻기가 점점 더 어려워진다는 현실 때문입니다. 이 몹쓸 관행을 허물기 위해 오래된 두 대학교가 힘을 합쳐 할 수 있는 일이 없을까요?

다른 폐해들도 있습니다만…… 스티븐슨의 열두 번째 우화가 생각나서 입을 다물겠습니다. 기억하시겠지만 그 우화는 이렇게 끝납니다. "그들은 황혼녘에 이방인을 묻어 버렸다."[7)]

7) 로버트 루이스 스티븐스의 열두 번째 우화 '시민과 여행자'의 전문은 다음과 같다.
시민이 말했다. "주위를 둘러보세요. 여기가 세상에서 가장 큰 시장입니다."
여행자가 말했다. "오, 절대 그렇지 않아요."
시민이 말했다. "아, 가장 크지는 않을지 모르지요. 하지만 최고의 시장입니다."
여행자가 말했다. "그 말씀도 틀렸습니다. 제가 분명히 말씀드릴 수 있는 것은 …."
시민들은 황혼녘에 이방인을 묻어 버렸다.

XVIII
역사는 허튼소리인가?

The Cambridge Review, 1957. 6. 1.

역사적 충동—인간이 과거에 생각하고 행하고 겪었던 일에 관한 호기심—은 보편적이지 않지만 영구적인 것 같습니다. 이 충동을 만족시키는 작품들을 정당화하는 다양한 논리가 있습니다. 그중 바버는 〈브루스〉*에서 아주 단순한 논리를 제시했습니다. 신나는 이야기들은 어쨌든 "즐겁고", 거기다 사실이기까지 하다면 우리는 "이중의 만족"을 얻을 것이라는 논리였습니다. 많은 경우에는 좀 더 엄숙한 동기를 제시하지요. 역사는 가르침을 주거나 본이 된다는 이유로 옹호됩니다. 윤리적으로나(역사가들이 죽은 이들에게 부여하는 불후의 명예나 불명예는 우리에게 도덕에 유념하라는 가르침을 줄 것입니다) 정치적으로(과거에 국가적 재난이 어떻게 닥쳤는지 보면 장래에 그런 재난을 피할 방법을 배울 수 있습니다) 말입니다.

그러나 역사 연구가 발전하고 과학과 더 비슷해짐에 따라, 이런

* John Barbour, 1316?-1395. 시 〈브루스*The Bruce*〉를 지어서 1375년경의 독립전쟁과 로버트 왕과 제임스 더글러스의 행적을 기렸다.

정당화 논리들은 이전처럼 자신 있게 제시되지 않습니다. 현대의 역사가들은 왕들을 '선한' 왕, '악한' 왕으로 쉽게 분류하지 않습니다. 우리가 아는 것이 많아질수록 정치가가 과거의 오류에서 배울 교훈은 그리 명확하지 않아집니다. 반면 모든 역사적 상황의 독특성은 더욱 분명하게 도드라집니다. 그래서 역사에 관심을 갖는 이들은 대부분 결국 자신이 과거에 대한 지식 그 자체를 추구하며 '교양적' 호기심을 채운다고 인정하는 편이 더 안전하고 솔직한 태도임을 깨닫습니다.

'교양적' 호기심과 그것을 채우기 위해 존재하는 '교양적' 연구 개념은 아리스토텔레스에게서 나온 것입니다. "다른 사람을 위해서가 아니라 자기 자신을 위해 사는 사람을 자유로운 사람이라고 부른다. 이와 마찬가지로, 모든 학문 중에서 철학만이 유일하게 자유로운 학문이다. 철학만이 자기 자신을 위해 존재하기 때문이다"(《형이상학》 982b). 물론 여기서 말하는 철학은 지금처럼 다양한 학문들이 전문화되고 남겨진 덩어리 또는 잔여물을 뜻하지 않습니다. 그리고 아마도 아리스토텔레스는 어떤 경우에도 철학이 역사를 포함하도록 허락하지 않았을 것입니다(《시학》 1451b). 하지만 이것은 별로 중요하지 않습니다. 아리스토텔레스는 자기 너머에 있는 모종의 목적을 위해서가 아니라 자신을 위해서 추구하는 학문 개념을 통해, 현대의 대학교가 인가장을 받고 수행하는 대부분의 활동을 제시했습니다.

물론 어떤 사람에게는 이 개념(아리스토텔레스는 이것을 자유인들만의 것으로 규정했습니다)이 언제나 당혹스럽고 불쾌한 것이었습니다. 선장이 배를 모는 데 필요한 내용을 넘어서는 천문학이 시간 낭비라고 생각하는 사람은 늘 있을 것입니다. 역사가 실제로는 그리 실용적으로 활용될 수 없음을 발견하고 역사를 허튼소리로 선언할 사람들이 늘 있을 것입니다. 아리스토텔레스는 이런 태도를 노예적 또는 실리적이라고 불렀을 테고, 우리는 여기에 보다 정중하게 거기다 '포드주의'[1]라는 이름을 붙일 수 있습니다.

역사 연구가 발전함에 따라 부분사나 분과사들이 생겨나는 것은 거의 불가피하고 분명 합리적인 일입니다. 전체 과거는 기간을 한정한다 해도 규모가 지나치게 큽니다. 따라서 인간의 특정 활동들—법, 조선, 의복, 요리, 건축, 문학—에 대한 역사들이 생겨납니다. 이런 개별사들을 정당화하는 논리는 보편사history simpliciter(보통 이것은 사실상 전쟁과 정치의 역사를 의미했습니다)의 경우와 동일합니다. 교양적 호기심을 채우기 위해 존재한다는 것이지요. 사람들이 과거에 어떻게 옷을 입었고 집을 지었고 글을 썼는지, 그런 일을 왜 했는지, 왜 특정 방식을 좋아했는지, 그런 일들을 좋아한다는 것이 어떤 느낌인지에 대한 지식을 그 자체로서 추구하는 것입니다.

1) Fordism. 헨리 포드는 "역사는 허튼소리다"라는 말을 남겼다. 역사에 대한 이런 태도를 루이스는 '포드주의'라고 부른다.

이런 부분사를 포드주의적 견해에서 바라볼 수 있을 것입니다. 법 역사는 실용적 결과를 만들어 내는 범위 안에서 정당하다며 다음과 같이 주장할 수 있겠지요. 법 역사는 '귀중한 것'을 연구했거나 연구해야 하고 그러므로 악법과 부당한 재판 방식에 주목해야 한다. 이런 법 역사의 존재 이유는 우리에게 19세기의 관행을 보다 온전히 인식하도록 가르침으로써 20세기 후반에 닥칠 가능성이 있는 일에 보다 완강히 저항하게 만드는 데 있다. 법 연구는 이런 가르침을 주는 범위 안에서만 이루어져야 한다. 물론 이것은 값진 목표입니다. 그러나 법사학이 존재할 권리가 그런 역할 수행에만 한정된다는 주장은 철저한 포드주의자만이 인정할 것입니다. 우리 같은 다른 이들은 어떤 실용적 이득이 따라오지 않는다 해도 선조들의 법적 행동과 법 사상을 알고 이해하고 싶다고 생각합니다.

현재 포드주의의 공격을 받기 가장 쉬워 보이는 분과사는 문학사입니다. 최근에 메이슨 씨는 〈리뷰〉에서 이렇게 밝혔습니다. "문학사는 귀중한 것을 연구한다. 이류작가들에 대한 연구는 일류작가들이 의미하는 바를 이해하는 데 기여하는 한에서만 정당화된다."* 물론 문학사가 문학 비평이라는 기술을 보조하는 학문일 뿐이라거나 보

* H. A. Mason, 'Churchill's Satire', a review of The Poetical Works of Charles Churchill, ed. Douglas Grant(1956) in *The Cambridge Review*, vol. LXXVIII (11 May 1957), p. 571.

조할 수 있다거나 보조해야 마땅하다고 인정한다면, 우리는 메이슨 씨에게 동의할 것입니다. 그러나 어째서 그 점을 인정해야 합니까?

문제가 무엇인지 분명히 해둡시다. 누군가가 "나는 그저 역사로서의 문학사에는 아무 관심이 없다"라고 말한다면, 저는 그에 대해 아무런 이의가 없을 것입니다. 이렇게 대답하게 되겠지요. "그런가요. 그렇다면 어쩌겠습니까. 시간 빼앗지 않겠습니다." 만약 누군가가 "나는 비평이 과거에 대한 어떤 지식보다 스무 배는 더 중요하다고 본다"라고 말한다면, 저는 "그것은 분명 상당히 합리적인 견해군요"라고 대꾸할 겁니다. 그리고 만약 누군가가 "문학사는 비평이 아니다"라고 말한다면 저는 흔쾌히 동의할 것입니다. 이것이 저의 진정한 논점입니다. 과거 문학의 형식과 문체와 정서에 대한 연구, 그것이 어떻게 왜 그런 식으로 진화했는지 이해하려는 시도, 그리고 그것이 맞추었던 취향을 일종의 학습된 공감에 의해 (가능하다면) 우리 안에 일시적으로 되살려 내려는 시도는 다른 어떤 지식 연구 못지않게 적법하고 교양 있는 일처럼 보입니다. 심지어 그것을 알지 못한다면 인간에 대한 우리의 지식은 큰 결함이 있다고 말할 수 있습니다. 문학사는 당연히 비평의 한 분과가 아닙니다. 문학사 자체가 역사의 한 분야(문화사Kulturgeschichte)입니다. 문학자 자체가 고유의 지위를 갖고 있습니다. 그 가치를 순전히 비평에만 관심을 두는 사람들에게 우연히 유용하게 작용하는지 안 하는지 여부로 판단해서는 안 됩니다.

물론 저는 문학사와 문학 비평에 겹치는 부분이 있을 가능성을 인정합니다(메이슨 씨도 인정할 것 같습니다). 둘은 보통 겹칩니다. 문학사 학자들은 거의 언제나 모종의 평가를 내리고, 문학 비평가들은 거의 언제나 모종의 역사적 주장을 내세웁니다. (던Donne의 시에서 어떤 요소가 새롭다고 말하는 것은 그 요소를 이전의 시에서 발견할 수 없다는 역사적 주장입니다.) 이런 공통 부분으로 혼란의 위험이 생겨난다는 데 동의합니다. 문학사가들은(헌법사가들과 마찬가지로) 어떤 것이 어떻게 진화했는지 추적해 냈을 때 그 가치를 증명했다고 잘못 생각할 수 있습니다. 문학 비평가들은 자신의 평가적 비평evaluative criticism에 도사리는 (종종 위험한) 역사적 함의를 의식하지 못할 수도 있습니다.

그러나 만약 메이슨 씨가 문학사의 존재 권리를 부인하고, 비평의 수단으로서가 아니면 누구도 문학의 과거를 연구해서는 안 된다고 말하고 있다면, 저는 그의 입장이 결코 자명하지 않고 그에 대한 근거를 보충할 필요가 있다고 생각합니다. 그리고 저는 그가 그 근거 제시를 거부하고 있다고 생각합니다. 만약 누군가가 문학사를 역사로서 귀하게 여긴다면, 우리가 좋은 작품뿐 아니라 나쁜 문학 작품도 연구하는 이유가 아주 분명해지지 않습니까? 문학사가에게는, 한때 인기를 끌었던 형편없는 시가 해결할 과제입니다. 분명히 불합리해 보이는 제도가 정치사가에게 해결할 과제인 것과 같습니다. 우리는 그런 글이 어떻게 쓰이게 되었고 어째서 갈채를 받았는지 알고 싶습니다. 그런 글을 매력적이라 느끼게 만든 기풍ethos 전체를 이해하고 싶습니다. 아시다시피 우리는 사람들에게 관심이 있습니다. 그리고 모두가 우리의 관심사를 공유해야 한다고 요구하지는 않습니다.

이 모든 문제에는 추가적인 논의가 필요합니다. 그리고 시간을 많이 거슬러 올라가서 이 논의를 시작해야 한다고 생각합니다. 우리는 아리스토텔레스의(또는 뉴먼의) 교양 개념 전체에 의문을 제기해야 할지도 모릅니다. 포드주의를 옹호하는 뛰어난 변호가 등장할지도 모릅니다. 문학 비평 자체가 목적인지 수단인지, 만약 수단이라면 어떤 목적의 수단인지 물어야 할 수도 있습니다. 그러나 이 모든 것이 철저히 논의될 때까지 저는 문학사에 대한 포드주의의 입장을 그대로 수용할 생각이 없습니다. 진정한 논의가 이루어질 때까지는, 문학사라는 역사의 한 분야가 당장 사용 가능한 모종의 '상품'을 제공할 수 없으면 다른 분과사처럼 폐기되어야 한다는 가정을 묵과할 수 없습니다.

XIX
문학 속의 성性

The Sunday Telegraph, 1962. 9. 30.

우리의 옛 형법을 버리게 된 원인 중 하나는 배심원들이 좀 더 인도적이 되면서 유죄 선고를 거부했기 때문이라는 말이 있습니다. 증거만 보면 피고석의 굶주린 소녀가 손수건을 훔쳤다는 사실이 의심의 여지없이 분명했지만, 그들은 소녀가 그 일로 교수형에 처해지는 것을 원하지 않았기에 무죄 평결을 내렸습니다.

사람들이 더 이상 경범죄로 교수형을 당하지 않는다는 사실은 개선임이 분명합니다. 그러나 명백히 잘못된 평결이 그런 변화를 이끌어낼 최선의 방법은 아니었습니다. 재판의 결과가 법정에서 입증된 사실이 아니라 특정 배심원단 개개인의 도덕 철학에 의존하는 것은 안 좋은 일입니다. 그 절차가 한 가지 사건에서는 자비로운 결과로 이어졌을지 모르지만, 다른 사건에서는 정반대의 결과를 낳을 수도 있습니다.

제가 볼 때 교훈은 분명합니다. 한 나라에서 지배적인 도덕이 그 나라의 법률이 전제하는 도덕과 과도하게 달라질 때는 법이 조만간 바뀌어 지배적 도덕에 맞추어야 한다는 것입니다. 그 시기는 빠를수록 더 좋습니다. 법이 도덕에 맞게 바뀌기 전까지는 사기, 위증, 혼란을 피할 수 없기 때문입니다.

이것은 지배적 도덕이 법에 구현된 도덕에서 벗어나 더 좋은 쪽으로 향하든 반대의 경우이든 똑같이 적용됩니다. 우리가 나아질 때는 그 기준에 맞춰 법도 수준이 올라가야 하고, 우리가 부패할 때는 법의 수준도 내려가야 합니다. 법의 수준이 떨어지는 편이 사법 절차 전체가 엉터리가 되는 것보다는 낫습니다.

우리가 살인에 반대하기를 그친다면 분명히 바보와 악당들일 겁니다. 그 사실을 인정하고 그에 따라 법을 바꾸는 것이 낫지, 살인을 저지른 게 분명한 사람들에게 계속 무죄를 선고해서는 안 됩니다.

그런데 이것이 '외설' 문학 또는 '타락시키는' 문학에 관한 실제 상황입니다. 옛날 법—이제 타협이 시작되었기 때문에 이렇게 부르겠습니다—에는 자위, 도착倒錯, 음행, 간통을 큰 악으로 보던 도덕이 담겨 있습니다. 그러므로 그런 행동을 부추기는 것처럼 보였던 책들의 출간을 옛날 법이 승인하지 않은 것은 논리적인 일이었습니다.

현대 지식계급—'전문가 증언'을 제시하는 이들—의 도덕은 옛 도덕과 다릅니다. 이 상황을 있는 그대로 솔직하게 진술하면 다음과 같은 내용이 될 것입니다. "우리는 그런 행동들이 악이라는 확신은 없지만, 법이 관심을 가져야 할 종류의 악이 아님은 확신한다."

저의 견해—빨리 밝히고 넘어가려고 꺼냅니다—는 그것들은 악이지만 간통을 제외한 다른 것들에 법이 관심을 가져서는 안 된다는 것입니다. 간통이 법률적 문제인 것은 "인간은 계약을 이행한다"는 홉스적 원리를 어긴 일이기 때문입니다. 이 특정한 계약 위반에 성행위가 들어 있다는 것은 (논리적 의미에서는) 우연한 일입니다.

그러나 저는 여기서 저 자신의 견해를 내세우려는 것이 아닙니다. 제가 원하는 것은 새로운 도덕과 법의 도덕 사이의 제대로 된 싸움입니다. 동료 작가 여러분, 긴장하지 마십시오. 여러분 쪽이 이길 것이 거의 확실하니까요.

그때까지의 상황은 더없이 불만족스럽습니다. 제가 볼 때 많은 논의 배후에는 새 도덕보다 훨씬 허용되기 어려운 두 가지 명제가 자리 잡고 있습니다. 이 두 명제는 심지어 최근의 법 개정 배후에도 있습니다.

(1) 어떤 책이 진짜 '문학'이라면 독자를 타락시킬 수 없다는 명제입니다. 그러나 이것을 지지하는 증거는 전혀 없는 반면, 반대되는 증거는 좀 있습니다. 어떤 책이 어린이에게 겁을 줄지 누구도 예측할 수 없는 것처럼, 어떤 책이 청소년의 성욕에 불을 지를지 아무도 모릅니다. 저는 두 경우 모두에 대해 전혀 있을 것 같지 않은 사례를 들었습니다. 이것은 특정 책들을 금지하는 것을 반대하는 판에 박힌 논거입니다. 그러나 이것은 특정 책들을 용인하라는 이 명제에 반대하는 논거이기도 합니다.

(2) 어떤 책이 위대한 '예술 작품'이라면 그 책이 독자를 타락시키든 아니든 중요하지 않다는 명제입니다. 예술이 행동보다 더 중요하기 때문이라는 겁니다. 다시 말해 예술이 삶보다 중요하다는 뜻이고,

삶에 대한 논평이나 삶의 반영이 삶 자체보다 더 중요하다는 것이지요. 이것은 아주 허튼소리처럼 들립니다.

무슨 일이 벌어지든, 우리는 채털리 부인 재판 같은 일이 되풀이되는 것을 원하지 않습니다.* 이제 (이상하게 야만적인) 승리의 함성이 잦아들고 있으니, 그 재판이 대단히 자부심을 느낄 만한 일은 아니었다고 해도 될 것 같습니다. 재판의 결과 때문에 이렇게 말하는 게 아닙니다. 그 사건의 재판 결과는 우리 문학에도 도덕에도 크게 중요하지 않았다고 생각합니다. 저를 불안하게 하는 것은 그 사건의 처리 방식입니다.

정말 문제가 되는 것은 무엇이었습니까? 배심원단은 판사가 "우리는 취향의 재판관으로 여기 앉아 있지 않습니다"라고 말하는 것을 들었습니다(롤프 씨의 기록 27쪽). 그리고 변호인단이 자신들은 "개인적인 좋은 취향의 문제와 상관이 없다"(35쪽)라고 말하는 것을 들었습니다. 하지만 실제로 사건의 거의 모든 증인들은 이 책의 문학적 가치를 놓고 길게 조사를 받았습니다. 취향을 어떻게 정의해야 문학적 가치가 취향의 문제가 아니게 될까요?

* 1960년 펭귄출판사가 D. H. 로렌스의 《채털리 부인의 연인*Lady Chatterley's Lover*》을 출간한 것 때문에 1960년 10월 20일부터 11월 1일까지 중앙형사법원에서 현 여왕 대 펭귄출판사의 재판이 열렸다. 이 재판에서 펭귄출판사는 무죄판결을 받았다. 재판의 녹취록이 *The Trial of Lady Chatterley*, ed. C. H. Rolph(Penguin Books, 1961)라는 제목으로 출간되었다.

또한 그 증인들은 '전문가'로 소환되었습니다. 여기에는 공학이나 의학 분야에서 전문가들이 있는 것과 동일한 방식으로 문학에도 '전문가들'이 존재한다는 의미가 들어 있습니다.

저는 지금 문학이라는 영역에서 각 사람의 견해의 경중을 따질 수 없다고 말하는 것이 아닙니다. 성숙한 비평가의 판단을 크게 존중하며 들어야 함은 너무나 분명한 일입니다. 요점은 그들의 판단은 판단일 뿐 사실에 대한 서술이 아니라는 것입니다. 그들의 판단은 모두 뒤집힐 수 있습니다.

문학사에 친숙한 사람이라면 만장일치에 가까운 비평적 견해가 일시적인 것으로 드러날 수 있음을 압니다. 스콧과 바이런에 대한 평가가 얼마나 달라졌는지 생각해 보십시오. 문학 '전문가'와 흔히 전문가 증인이라고 불리는 이들이 배심원단의 머릿속에서 명확히 구분된다는 모종의 확신이 있으면 좋겠습니다.

울리치의 주교는 선과 악의 일반적 본질에 대한 전문가로 소환되었던 것 같습니다.* 잘은 모르지만 그의 지혜와 거룩함이 그가 이런 예언적 역할을 맡는 데 충분한 자격을 부여해 줄 수도 있겠지요. 그러나 법정에서 언급된 자격 조건은 그가 윤리학을 공부했다는 사

* 울리치의 주교는 J. A. T. 로빈슨 주교였다. 로빈슨 주교는《채털리 부인의 연인》에 나오는 혼외 '성관계'에 대해 이렇게 말했다. "나는 로렌스가 이 관계를 진정한 의미에서의 성스러운 일, 진정한 의미에서의 성찬 행위로 그리려 했다고 생각합니다." *The Trial of Lady Catterley*, 71쪽.

실이었습니다.

저를 포함해 윤리학을 공부한 사람들이 많습니다. 저는 윤리학이라는 학문이 무엇이 '신성'하고 신성하지 않은지 다른 사람들보다 더 권위 있게 말할 자격을 갖추게 해준다고 생각하지 않습니다. 전문가의 자격으로 무엇이 옳고 그른지 배심원단에 말해 주도록 지명된 증인은 배심원 재판의 근간을 흔들어 놓습니다. 배심원 재판의 전제는 배심원단이 옳고 그름을 이미 알고 있다는 것이니까요.

이제 우리가 선택할 수 있는 차악은 모든 도덕적 검열을 폐지하는 것입니다. 우리는 그보다 낮은 수준으로 떨어졌거나 그 수준을 넘어섰습니다. 검열을 폐지하면 많은 쓰레기가 생기겠지만, 우리가 그것을 읽을 필요는 없습니다. 아마 그런 유행이 영원히 가지는 않을 것입니다. 외설적 표현들은 의자에 씌우는 덮개처럼 금세 시대에 뒤떨어진 것이 될지도 모릅니다.

옮긴이의 말

내가 몰랐던 C. S. 루이스

I

이번 책을 번역하면서 루이스의 생애에서 두 가지 사실을 새롭게 알게 되었다. 첫 번째는 그가 제2차 세계대전 당시 독일의 포로수용소에 갇혔던 영국군 포로들을 돕기 위해 했던 일이다. 이 책의 5장 '영어영문학은 이제 끝났는가?'라는 글에는 옥스퍼드대학교 영어영문학과에서 "독일의 수용소에 갇혀 있는 영국인 전쟁 포로들을 대상으로 학사 취득 자격시험"을 진행했다는 대목이 나온다. 이게 무슨 말인가 싶어 자료를 찾아봤더니, 루이스가 유럽(주로 독일) 포로수용소에 갇힌 영국군 포로들을 세 가지 방식으로 도왔다고 나와 있었다(Bruce R. Johnson, 'The Efforts of C. S. Lewis to Aid British Prisoners of War during World War II').

(1) 그는 포로수용소 도서관에 보낼 신앙 서적을 선정하는 여러 단체의 협력 사업에 자문으로 참여했다. 그는 모든 교회가 동의하는 '순전한 기독교'를 설명하는 사람이고자 했기에 그런 역할을 감당하기에 제격이었다. 당시 BBC 방송으로 전국적으로 높아지던 그의 명성이 기증 도서와 후원금 확보에도 도움이 되었을 것이라 짐작한다.

(2) 포로수용소들에 도서를 공급하는 업무를 맡은 부서Educational Books Section에서는 전쟁 포로가 된 영국 군인들에게 학사 취득 자격시험을 치를 수 있는 프로그램을 제공하고자 했다. 이 작업에 C. S. 루이스를 위시한 옥스퍼드 영문학과 교수들이 힘을 보탰다. 루이스는 J. R. R. 톨킨을 포함한 동료 교수들과 함께 학생들이 읽어야 할 참고문헌 목록을 작성하고 시험문제를 출제하고, 해당 과정에 참여한 학생들이 제출한 자격시험의 채점까지 맡았다. 1941년부터 1945년까지 이어진 이 프로그램에 참가한 이들의 합격률은 상당히 높았다. 우등 과정으로 진행된 학위 시험의 수준은 기존 학위 시험과 다를 바 없었다 하니, 응시자들의 열정을 능히 짐작할 수 있다.

(3) 그는 개별 포로들에게 편지를 썼다.

(3)의 경우는 능히 짐작할 수 있다. 누구의 편지에도 성실하게 답했던 루이스였으니 자신에게 편지를 보내 온 포로들에게는 더더욱 진솔한 답장을 썼으리라. 특히 수용소에 갇혀 있던 비슷한 또래의 친척에게 매주 편지를 썼다고 한다.

(1)의 결과로 전쟁이 끝날 때까지 포로수용소로 보내진 약 50만 권의 책 중에 중요한 부분을 차지한 신앙 서적이 얼마나 많은 이들에게 감화를 끼쳤을지 알 수 없다. 다만 그렇게 전해진 두 권의 신앙 서적(그중 한 권이 《스크루테이프의 편지》였다)을 수용소에서 접하고 회심한 사람의 사연은 그런 수혜자가 한 명에 그치지 않을 것임을 짐작하게 한다.

개인적으로는 (2)의 사연이 가장 흥미로웠는데, 전쟁 포로들을 대상으로 학사 취득 자격시험을 제공한다는 발상이 놀라웠다. 그것을 추진하고 그 일에 적극 관여한 루이스와 다른 교수들도 훌륭하고, 수용소에서 그렇게 꿈을 키워 간 이들 역시 대단하다. 전체적으로 인간의 품격이랄까, 고상함 같은 것이 느껴졌다. 그들은 전쟁의 한 복판, 최악의 상황에서도 인간다움을 지키고 미래를 준비하고자 하는 노력을 이어 갔으며, 이런 노력에 함께하는 가운데 스스로에 대한 긍지와 자부심을 느낄 수 있었다. 이 책을 번역하면서 여러 대목에서 느꼈던 어떤 청량감은 이와 같은 당당함과 긍지와 잇닿아 있는 것이 아닌가 하는 생각이 든다.

II

누군가의 말을 문자 그대로 받으면 오히려 곤란해질 때가 있다. 말한 사람의 화법, 그 말이 나온 맥락, 그가 강조하고자 했던 점 등등을 고려하지 않고 그 말 자체에 갇혀 버리면 오히려 그 말에 담긴 본질을 놓칠 수도 있다. 이 책을 번역하면서 루이스가 정치와 신문에 대해 했던 말도 그럴 수 있겠다는 생각이 들었다. 먼저 정치에 대해서 말해 보자(정치에 대한 대목은 다음 논문을 참고했다. Justin Dyer and Micah Watson, 'The Old Western Man: C. S. Lewis and Politics and Modernity').

루이스가 정치에 무관심했다는 것은 잘 알려진 사실이다. 그는 특정 정당을 지지하지 않았고 정치 이야기를 즐기지도 않았다. 그는 정치에 큰 기대를 걸지 않았다. 루이스는 정치적 해결책이 광고하는 대로 결과를 낸다는 데 회의적이었다. 하지만 그가 과연 정치에 무지하고 무관심했을까?

그는 정치학과 정치사상을 잘 알았고 그 주제에 관심이 많았다. 그는 1939년에 레닌에 관해 정치학과 학생들에게 가르쳤고, 영문학과에서도 플라톤을 필두로 하는 서구 정치사상을 가르쳤다. 나중에 사학과의 요청을 받고 사학과 학생들에게 정치 이론을 가르쳤다. 그는 강연 중에 아리스토텔레스, 루소 등을 다루었고, 그 강의를 좋아했다고 한다. 이 책의 V장에서 그가 사학과에서는 가르치기만 해봤다고 하는 대목은 이런 경험을 가리킨 것이었다.

루이스는 당파 정치에는 관여하지 않았고 정책적 질문들에 무관심했지만 고대 그리스부터 스콜라학파, 근대 초기 사상가들까지 꿰고 있었다. 따라서 '무엇이 좋은 삶인가?' '어떻게 함께 살아야 하는가?' '인간에게는 생존 이상의 목적이 있는가?' 등 넓은 의미에서 정치의 근본적인 문제들은 언제나 그의 관심사였다. 이 책에 담긴 글들도 마찬가지다. II장 '평등', 민주주의와 교육의 관계를 다룬 VI장 '민주적 교육', 나쁜 언론에 대한 불매운동을 촉구하는 XI장이 정치적인 주제를 다룬 글이 아니면 무엇이란 말인가?

둘째, 루이스가 신문을 안 본다는 말이 그가 세상사에 무관심했다는 말은 아님을 이번 책에서 확인할 수 있었다. 무엇보다 그는 신문과 잡지에 글을 실었다. 신문이라는 매체에 읽을 만한 가치가 없다고 생각했다면 그의 행동은 앞뒤가 안 맞는 것이리라. 그러나 그가 신문을 보지 않는다는 말로 정말 말하고 싶었던 것은 따로 있었던 게 아닌가 싶다.

우리 언론의 현실을 돌아보면 루이스의 말을 충분히 이해할 수 있다. 신문의 뉴스들이 사건의 '진상'에는 관심도 없이 그저 당장 눈길을 끌 만한 파편적인 정보만 쏟아낼 때가 얼마나 많으며, 클릭을 유도하기 위해 자극적인 제목의 공허한 기사를, 심지어 자신의 당파적 이익을 위해 명백한 거짓과 날조를 토해 낼 때는 또 얼마나 많은가. 그런 뉴스들에 주목한다면, 신문의 뉴스야말로 '가장 허깨비 같다'는 루이스의 지적을 충분히 의미 있게 받을 수 있을 것 같다.

III

구약 유다 왕국의 죄를 규탄하는 이사야서 5장 8-23절의 말씀을 보면서 그들의 죄가 대단히 현재적이라는 느낌을 받았다. 한번 들어 보시라.

부동산에 대한 탐욕
쾌락에 대한 집착과 하나님에 대한 무관심
죄악에 대한 열정과 하나님에 대한 조롱
선악에 대한 왜곡

술 취함과 뇌물로 인한 불공정한 재판

공의와 정의를 바로잡는 데 비겁하고 엉뚱한 것(술 마시는 것)에 용감함

이스라엘의 죄가 대단히 현재적이었던 것처럼 루이스의 관심사 또한 현재적이었다고 할 수 있다. 그는 시대에 매이지 않는 영원한 진리를 추구한 사람이었고, 순전한 기독교의 진리에 의거하여 생각하고 영원에 비추어 현실을 바라보려 했기 때문이다. 근본적인 문제는 여전히 동일하고, 그에 대한 근본적 해결책도 동일하다면, 그러한 동일한 진단과 해결책을 제시하는 사람의 글 또한 언제나 현재적일 수밖에 없을 것이다. 이런 일반론이 아니라도, 이 책에 실린 여러 글에서 그가 제시하는 분석의 틀과 대가적 시각은 오늘을 바라보는 도구로서 여전히 유효한 듯하다. 세 가지만 꼽아 보자.

XIII장 '자전거에 관하여'에 나오는 미주술화-주술화-탈주술화-재주술화의 도식은 우리가 여러 가지 주제와 관심사에서 어떤 자리에 있는지 돌아보게 하고, 다른 이들의 입장과 글은 또 어떤 자리에 있는지 입체적으로 보게 해준다. 세상을 보는 유용한 안경을 하나 얻은 느낌이다.

XV장 '텅 빈 우주'는 서양사의 거대한 흐름을 짧은 지면에 일목요연하게 짚어 주는 사상사가의 면모를 여지없이 보여 주는 글이다. 우주를 텅 비워 내고 인간을 비워 내고 마침내 모든 것은 언어적 혼란일 뿐이라고 보는 사상사의 큰 방향을 제시하고, 지금도 여전히 그

런 시각 속에 들어 있는 우리의 상황을 예리하게 짚어 준다.

마지막으로 XIV장 '원자폭탄의 시대를 사는 것에 관하여'에 대해 한마디만 하고 마칠까 한다. 이 글은 루이스가 여러 글에서 반복해서 했던 말을 대단히 유창하게, 대단히 강력하게 전달하고 있다. 원자폭탄의 시대에 어떻게 살아야 하느냐에 대한 루이스의 답변은 또 다른 특별한 시대를 사는 우리에게도 여전히 유효한 메시지를 전하고 있다. 루이스가 '코로나의 시대를 사는 것에 관하여'를 썼다면 뭐라고 말했을까? 궁금하시면 '원자폭탄의 시대를 사는 것에 관하여'를 읽어 보시라. 그러면 대충 짐작이 가실 것이다. 우리도 그 메시지대로 당당하게 살 수 있으면 좋겠다. 건투를 빈다.

홍종락

옮긴이 홍종락

서울대학교에서 언어학과를 졸업하고, 한국해비타트에서 간사로 일했다. 2001년 후반부터 현재까지 아내와 한 팀을 이루어 번역가로 일하고 있으며, 번역하며 배운 내용을 자기 글로 풀어낼 궁리를 하며 산다. 저서로 《오리지널 에필로그》가 있고, 역서로는 《당신의 벗, 루이스》, 《순례자의 귀향》, 《피고석의 하나님》, 《세상의 마지막 밤》, 《개인 기도》, 《실낙원 서문》, 《오독》, 《이야기에 관하여》, 《현안》, 《영광의 무게》, 《폐기된 이미지》(이상 루이스 저서), 《C. S. 루이스와 기독교 세계로》, 《C. S. 루이스의 순전한 기독교 전기》, 《본향으로의 여정》(이상 루이스 해설서), 《C. S. LEWIS 루이스》, 《루이스와 책》, 《루이스와 톨킨》(이상 루이스 전기), 그리고 루이스가 편집한 《조지 맥도널드 선집》과 루이스의 글을 엮어 펴낸 《C. S. 루이스, 기쁨의 하루》 등이 있다. 학생신앙운동(SFC) 총동문회에서 발행하는 〈개혁신앙〉에 '루이스의 문학 세계'를 연재 중이다. '2009 CTK(크리스채너티투데이 한국판) 번역가 대상'과 2014년 한국기독교출판협회 선정 '올해의 역자상'을 수상했다.

현안

시대 논평

Present Concerns: Journalistic Essays

지은이 C. S. 루이스
옮긴이 홍종락
펴낸곳 주식회사 홍성사
펴낸이 정애주
국효숙 김경석 김의연 김준표 박혜란 오민택
오형탁 임영주 주예경 차길환 허은

2021. 2. 10. 초판 1쇄 인쇄 2021. 2. 22. 초판 1쇄 발행

등록번호 제1-499호 1977. 8. 1.
주소 (04084) 서울시 마포구 양화진4길 3 전화 02) 333-5161 팩스 02) 333-5165
홈페이지 hongsungsa.com 이메일 hsbooks@hongsungsa.com
페이스북 facebook.com/hongsungsa 양화진책방 02) 333-5161

Present Concerns: Journalistic Essays by C. S. Lewis

• 잘못된 책은 바꿔 드립니다. • 책값은 뒤표지에 있습니다.

ISBN 978-89-365-1473-0 (03300)